YOUXIAO GOUTONG

怎样与业主有效沟通

高荣江 赖滨 ◎ 著

中山大学出版社
·广州·

版权所有　翻印必究

图书在版编目（CIP）数据

怎样与业主有效沟通/高荣江，赖滨著. —广州：中山大学出版社，2013.3
ISBN 978-7-306-04450-1

Ⅰ. ①怎… Ⅱ. ①高… ②赖… Ⅲ. ①物业管理企业—企业管理 Ⅳ. ①F293.33

中国版本图书馆 CIP 数据核字（2013）第 030302 号

出 版 人：祁　军
策划编辑：张礼凤
责任编辑：张礼凤
封面设计：曾　斌
责任校对：曾育林
责任技编：何雅涛
出版发行：中山大学出版社
电　　话：编辑部 020-84111996，84113349，84111997，84110779
　　　　　发行部 020-84111998，84111981，84111160
地　　址：广州市新港西路 135 号
邮　　编：510275　传　真：020-84036565
网　　址：http://www.zsup.com.cn　E-mail：zdcbs@mail.sysu.edu.cn
印 刷 者：广州中大印刷有限公司
规　　格：787mm×960mm　1/16　14.25 印张　226 千字
版次印次：2013 年 3 月第 1 版　2013 年 3 月第 1 次印刷
印　　数：1～3000 册　定　价：45.00 元

如发现本书因印装质量影响阅读，请与出版社发行部联系调换

序

物业管理服务，主要包括对物业本身专业化的管理，以及为业主提供的各种相关服务。这两大部分的工作，事实上都离不开与业主的沟通与交流。

马克思在《资本论》中说过，在生产关系中，最重要的就是人与人之间的关系。这种关系在物业管理服务上，更多地表现为用物业管理人员所提供的服务产品，去交换业主的其他劳动产品，由此形成了一种正常的利益关系。

服务是一种比较特殊的劳动，基本上没有看得见的有形产品直观地摆在那里。比如物业管理人员做了保洁，业主可以感受得到，可是物业管理人员在机房里做了大量的维修保养，保证了物业的功能完好和业主的居住舒适，业主可能就不知道了，这就更需要加深沟通与交流了。

事实上，物业管理人员在物业硬件管理到位后，更多的时间、更多的精力，应当放在与业主的沟通与交流上。实践证明，哪家物业企业与业主沟通得好，哪家公司与业主的关系也就越紧密，矛盾也就越少，企业的美誉度就越高；否则就相反。

本书的作者是物业管理业内的专家，他们能从点滴小事出发，结合自身的实践经验，并上升到一定的认识层面来探讨怎样与业主沟通与交流，从而为更多的物业从业人员提供可供借鉴的经验。而且本书的一大特点在于它全部由一些生动有趣的小故事组成，既浅显易懂，又引人深思。

把简单的事干好了不简单，从简单的事能生发出一些思考，也不简单。要是我们所有的物业管理人员都能做一些这样的思考，那我们还怕搞不好物业服务吗？

彭安绪

于 2013 年春节

前　言

先哲说过，人是社会关系的总和。哪怕只有两个人的地方，也必然会有沟通的存在。

你、你们的，我、我们的，他、他们的，人们日常生活中的方方面面、点点滴滴，哪一点离得开沟通与交流呢？沟通的客观存在，正是由于我们每个人对世界上事物的认知角度不同、出发点不同、欲求目标也不同。但作为"人"的整体，也就是群体而言，总是需要通过各种努力，达到一定的群体预定目标，否则，就不会有人类社会的进步与发展了。在这里，我们不妨先用机械的思维方式来探讨一下。

但凡懂一点力学知识的人都知道，在力的分解与合成方面，是由若干个小的 F 即分力，根据力的平行四边形原理，最后组成了一个大的 F，即合力 F。不管四面八方有多少力的存在，物体的运动方向最终是按照大 F 进行的。人类社会也是如此，社会合力才是推动历史进步的真正主导力量。

在我们今天的现实生活中，每个人都对周边事物有自己的理解和追诉目标，都有自己的"分力"存在，不经过沟通交流就不能形成合力，事情也就难办了。就连美国的参众两院也是这样决定政策的。

物业管理服务人员，每天都要面对成百上千有各种自我期望值的业主。可以设想，若丢掉有效的沟通，肯定是做不好任何事情的。

笔者在实践中深刻体会到，在日常管理服务工作中，除了必须硬性解决的技术问题外，更多的工作应当是和业主进行沟通交流。沟通得越细致、越到位，我们和业主之间的关系就会越融洽。所谓"能攻心则反侧自消"，就是这个道理。

笔者在日常工作中还发现，我们许多一线工作人员，并非不懂得沟通的重要性，他们也曾满腔热情地与业主沟通，只是由于方法上或许不够老练成熟，就好比一个积极去砍柴的人，他有很高的积极性，但是刀不快，又不太会用刀，也就是刀法上有问题，也必然不会得到理想的结果。

"工欲善其事，必先利其器。"如果说沟通就是器，那么有效沟通就是利器。中华民族几千年的历史上，通过有效沟通解决了重大矛盾的典故比比皆是，可以说，我们的祖先给我们树立了极其光辉的典范。比如，中国古代史中著名的"连横合纵"，那么复杂的关系纠结，苏秦、张仪都可以沟通实现，还有现代史的国共两党之间的沟通，外交史上通过"小球转动大球"的中美建交，欧元区的建立，等等，都说明了一个道理，那就是再复杂的矛盾都可以通过沟通来解决。

而物业管理人员与业主之间的关系并没有想象中的那么复杂。

沟通的另一个重要功能，是可以很快提高我们自身的综合素质。与人沟通的过程，是一个强化训练自己的过程。你要让别人接受和认同你的观点至少要有相关知识的深度和广度，这是起码的、必须的，当然还必须辅以相关的沟通交流技巧。

党的"十八大"提出，要为人民提供更为良好、更为舒适的居住环境。而对于广大业主来讲，舒适度不仅仅是硬件设施和功能上的感受，还有人们心理上的认同，也就是人们之间和谐关系的维系。这就只能靠我们物业人为业主的服务来实现，而要达到这个目标，就离不开我们和业主之间的有效沟通。

经常听到一些业内的朋友说，做物业服务让人心累，累就累在和业主的沟通交流上。那么，是谁动了我们的愉快呢？我们怎样才能找回丢失的愉快呢？这正是作者写作本书的目的。

愿我们的读者，能通过本书找回一些工作中的乐趣。

作　者

2013年春节于重庆鸿恩寺

目 录

爱屋及乌与"小幺儿" …………………………………… 1
"我们"与"你们"的趣事 ………………………………… 3
敬了礼咋还挨批 …………………………………………… 5
从保姆的"约法三章"谈起 ………………………………… 7
八颗牙齿与标准微笑 ……………………………………… 9
说话周延与"两个95%" …………………………………… 11
盗窃案与"由此及彼" ……………………………………… 13
仅仅是礼貌用语吗 ………………………………………… 15
血型会影响沟通吗 ………………………………………… 18
久违了童年的蛙声 ………………………………………… 20
不知道卖啥咋付费 ………………………………………… 22
在乎山水之间也 …………………………………………… 24
沟通方式也要因地制宜 …………………………………… 26
打预防针的启示 …………………………………………… 29
沟通绝不是一味迎合 ……………………………………… 31
饭要一口一口地吃 ………………………………………… 34
自己要有点儿"3D" ………………………………………… 36
擦鞋人的生意经 …………………………………………… 38
开发商最喜欢听什么 ……………………………………… 40
广告用语值得借鉴 ………………………………………… 42
你和自己沟通过吗 ………………………………………… 44
沟通应当是全员的事 ……………………………………… 46

可别忘了这个法宝 …………………………………… 49
感谢投诉我们的人 …………………………………… 51
有意思的业主互助组 ………………………………… 57
重视网络的沟通作用 ………………………………… 59
幽默诙谐是调味剂 …………………………………… 61
难道就是"祝您节日快乐"吗 ……………………… 63
面临危机时的沟通 …………………………………… 67
万科宣传栏的启示 …………………………………… 69
司机老冯的故事 ……………………………………… 76
要注意第一感觉 ……………………………………… 78
沟通的旗帜 …………………………………………… 81
经理接待日的方式好 ………………………………… 83
切莫忽略与员工的沟通 ……………………………… 85
要真诚帮助业委会 …………………………………… 87
善于倾听是一门学问 ………………………………… 89
当发生工程遗留问题时 ……………………………… 91
业主装修时的沟通 …………………………………… 93
钻石和阳光的启示 …………………………………… 97
业主之间的沟通很管用 ……………………………… 99
要懂一点宗教知识 …………………………………… 102
企业报的作用不可小觑 ……………………………… 104
业主接房时的沟通 …………………………………… 106
员工的满意度为先 …………………………………… 108
春节联谊会的联想 …………………………………… 111
老外凯瑟琳的故事 …………………………………… 113
业主文化大有作为 …………………………………… 115
要让我们的服务可视化 ……………………………… 119
安慰剂的启示 ………………………………………… 121
要学会四两拨千斤 …………………………………… 123

附 录 ·· 125
　　《红楼梦》与物业管理 ································· 125
　　关于物业管理的哲学断想 ······························ 128
　　北碚人的"悠"点 ·· 133
　　扫地 ·· 134
　　要发内力 ·· 135
　　筷子的故事 ··· 137
　　物业企业的文化建设 ····································· 139
　　服务技巧论略——亦论攻心为上，攻城为下 ······ 153
　　胡佛水坝的物业联想 ····································· 159
　　物业管理不能违背价值规律 ·························· 160
　　物管人员应当学一点心理学 ·························· 163
　　学习《物权法》札记 ····································· 169
　　业主手册范例 ··· 175

后 记 ·· 215

爱屋及乌与"小幺儿"

大家都知道，现在生活水平高了，豢养宠物，尤其是在小区里养狗的人更是多了起来。不少人还亲昵地把狗叫做"小幺儿"。

我曾经有意试过，每当有业主遛狗，我故意先招呼小狗。一般来说，狗是不会理我的，但狗的主人总会笑着说："我们刚吃过饭，出来转一转。"这个时候，即便你要顺带着说一些其他事儿，也是顺理成章的了。甚至你话锋一转，似乎不经意地提到"好像您家的物管费……"一般而言，对方立马会表示，"实在对不起，事情多忘记了，赶明儿一定来缴。"

其实，连我自己也是如此。为了让小孙女学习爱护动物，我也养了一只小狗。有一次，一个开发商朋友突然问："是个儿子还是女儿？"我连想也没想就回答："儿子。"弄得我俩都哈哈大笑。

宠物居然成了拉近人们之间情感的纽带。

情感是可以建立的。我们和业主原先并不熟识，为什么到后来很多业主会真诚地理解与支持我们；道理就在这里。我认识一对老人，子女不在身边。其中一位老人病了，物管人员把她送到医院，办完一切手续，给了不少照顾。以后每到夏天，老两口儿都给我们的员工送绿豆汤，冬天亲手为门岗缝制棉坐垫。而且逢人就说，物管比他们的子女还管用。这样的事例对于哪家物管公司都会不胜枚举。这不就是情感的建立吗？

情感是需要培养的，是不能一蹴而就的。我居住的小区夏天经常停水，每次物管人员都要为老弱病残者送水。天长日久，哪一个业主会感受不到这种温情呢？所谓日久生情，就是培养的过程。

情感是可以沉淀的。一杯清水放久了，会有沉淀。人与人之间的关系也是如此。就像陈酿的老酒，越久越醇。

情感是互相关联的。马克思曾经说过，"人是社会关系的总和"。当然，情感本身就是人与人的关系的产物,同时又受这种关系的制约。简单地说,就好比张三和李四是哥们,可张三又跟王二很铁,于是李四与王二又成了朋友。《世界是平的》这本书里讲,一个人至少与另外126个人有一定的关系。

我就经历过一件事,至今想来还觉得很有趣。

我们公司管理的一部电梯出了故障,一位女士的脚跟被夹了。我们即刻安排人员送她到医院并拍片,医生诊断为"软组织受伤",建议她休息1个月。这女士蛮讲理的,说:"这么着吧,我这鞋跟掉了,你们也甭赔啦,也就1000元钱的事儿。可我1个月七八千元的工资你们得给吧?"后来,她的姐姐给她打了一个电话,第二天她就上班去了。原来她姐姐是我们集团一个领导的战友,凭这层关系就化解了一场纠纷。这就是关联情感的作用。

动之以情、晓之以理是人们常挂在嘴边的话。但要注意的是动之以情在前,晓之以理在后。只有动之以情,才能晓之以理。

我们许多人可能都还记得一幅照片,那是60多年前,解放军进入上海,在街头露宿的镜头。数万大军进了城,一点不扰民。老百姓早上开门一看,欷歔不已。解放军感动了百万上海市民。这样的军队,人民能不拥护吗?

这些战士可是不知道死过多少回,才进到上海这个大"小区"的啊!这张照片早已深深地烙在我的脑海里了。一想起它,我仍会动情。

还有一部叫《智取华山》的电影,解放军小分队一进山,小伙子华生躲了出去,老两口儿吓得不敢开门。半夜三更茅草房漏雨,战士们爬上去补漏,甚至用身体挡着雨水,维护了"业主"的"物业利益"。老两口儿对这些他们由害怕到喜欢,让儿子带队通过一条隐秘的小路攻下天险。我总想,要是哪户业主家里漏水,我们的物管人员也能有当年解放军的那种精神,还有什么和业主沟通不了的地方呢?

说到这里,我们还得回到前文。

有个成语叫"爱屋及乌"。讲有人喜爱一座房子,连栖息在上边的乌鸦也爱得不得了。在心理学上这好像叫做情感转移,或者是关联情感。开篇那只狗的故事,也是这种关系。

我们要与业主实现有效沟通,这种关系岂能忽略。

我自己就曾用心记了不少狗的大名,效果还真不赖!不信的话,您也试试?

"我们"与"你们"的趣事

可别看"我们"和"你们"这两个词简单,用起来还真有点讲究。

我原来住的一个小区,先后两个物管经理都来敲过门。

经理甲:是我,来抄一下你们家的水表。

经理乙:我是小孙,来抄一下咱家的水表。

第一个上门的,我拿电筒帮忙照着,免得他看不清抄错了;后边那位我可就不管了,因为"抄咱家的水表"——自个儿家的还会出错吗?

可见,多用第一人称,对于加强沟通是有帮助的。

我在日常工作中,经常发现有的物管人员,动辄就对业主讲,"你怎样怎样";或者干脆指责"你的说法是错的"。把对方弄得十分尴尬,沟通也就陷入了僵局。

前些年,在西方流行过萨特的存在主义。它的核心理念之一为存在即合理。也就是说,一种思想、一个事物,只要它发生了、存在了,就必然有它一定的合理性。因此我想,作为物业服务人员,在业主提出问题,哪怕很尖锐甚至反面的问题时,首先应当想到,不能排除其中可能的合理因素。至少对方从他或他们的角度出发,认为应该如此而没有如此,就要发出"响声"。

譬如,有个业主家中漏水,给客户服务中心反映了很长时间,一直没有得到解决,业主很生气地说:"再不解决的话,我就不交物管费了。"作为物管人员,听了这话也很郁闷:第一,这漏水很可能是房屋建造质量问题导致的;第二,即使漏水,这也是你的专用部位,我们已经为你联系了很多次,找了很多环节,事实上已经进入了解决程序。你要是不交物管费,那可就没道理了。可是,倘若我们把自己换位成业主,你想想看,除了物管费,再就是仲裁、诉讼,业主还能有什么办法约束物业呢?其实,他这样讲话已经很无奈了。

所以，在和业主沟通时，即使你认为对方的问题很过分，也应当有礼貌地予以肯定：您说的话有一定道理，看来我们是能找到共识的。

必须注意，这里的"我们"，包括了对方即业主在内，而非有些物管人员只把本公司、自己那个业务圈子的人称为"我们"。

必须相信，既然是大的"我们"，彼此的愿景中就一定存在共识。这犹如几何学的原理，只要有相交，必会有交点，那就是共同点。

1972年的《中美上海公报》中，有一句闻名于世的话，也是外交领域的经典语言，即"台湾海峡两岸的中国人都认为只有一个中国"。这句话的潜台词有一层意思：中国是我们的，我们都是中国人，尽管国共两党之间打了几十年的仗，但一个中国是我们的共识。尤其在近几年，已经由两党领导人之间的交往，逐步发展到两岸之间的"三通"，现在好多城市之间又可以实现个人游的直通了。我们和业主之间最起码没打过几十年仗吧，难道还找不到共识吗？问题只是我们没有找到共同的切入点而已。做物业服务，最起码的一点，就是要千方百计地找到和业主之间的"我们"，以及大家利益的共同点。

在各种矛盾中找到这一个点的确很难，但只要你找到了，幸福也就来临了。

敬了礼咋还挨批

有一次我去一家物管公司搞培训，一名保安队长很委屈地问，他们很标准地给业主敬了礼，反而被投诉，说是虽然敬了礼，但目光不专注，而且还很呆板，很有些应付的味道；后来他们就改为行注目礼，结果又遭遇投诉。有的女业主责怪他们的敬礼"色迷迷"的。到底该怎么办？原来，他们在业主经过岗前时的确敬了礼，但业主都过了岗，他们的"注目"还没收回来，业主偶尔回头，发现还在注视她的背影，遇到有些自我感觉非常好的业主，或许就要生气了。听完这位队长的"委屈"，我对他讲，左转身45°行注目礼后，再转到原位收回礼姿即可。大可不必人都走过了，你还冲着后面敬礼。时隔数月我去回访，那位保安队长笑着说，再没人投诉了。

这个故事让我琢磨出一点儿关于目光，俗称眼神的道道来。

人们常说，眼睛是心灵的窗户。

要和业主进行有效沟通，不敞开心灵的窗户怎么能行？

千万不要小瞧了眼神，这里边的名堂大了。譬如：

情人之间的眼神——热辣，透着期盼；

父母看子女的眼神——慈祥，不看也能感觉到那种温暖；

上级看下级的眼神——逼视、严厉，或者看着文件同你讲话；

运动员的眼神——专注、机灵；

小偷的眼神——滴溜溜地转，有一种特别的贼光；

仇人之间的眼神——有寒光，恨不得捏死对方。

还有很多，不胜枚举。

要知道，我们一个人看很多业主，可能感觉不到；但要是很多业主看我们，他们一定能通过眼神，察觉到我们的态度是否真诚。

我在现实生活中观察到，有的物管人员眼睛看着电脑，同时问业主"有

什么事儿吗?"甚至连眼皮都不抬一下;还有的物管人员,在和业主交谈时眼神漂浮游移,明显让人感到心不在焉;等等。

试想,这样的沟通能有效吗?

我们不是经常讲,要倾听业主的心声吗?倾听就是要真心诚意地用心去听,否则就不能叫倾听。千万不要认为业主不懂,他们绝对会通过眼神明白我们是否真心在听。因为眼睛是撒不了谎的。

作为一个老物管人,我想在这里就敬礼的事再说上一点,您要是说是借题发挥也可以。

那是20世纪末,我们一行7人在考察了美国部分城市的物业管理后,顺路了解了一下中国香港的物业项目。为了更加深入地学习,我们干脆住进了一个规模约60万平方米、曾获得香港10种奖项的一个叫做"兆康苑"的小区。当我发现这里的保安居然不给业主敬礼时,感到非常吃惊,就问我们的香港朋友这是怎么回事。没想到她竟然说:"他为什么必须给你敬礼呢?要知道,接受了别人的敬礼,那是一定要还礼的呀,这可是人权啊!"

你还别说,这句话还真吓了我一跳:这可是关系到人权的事啊!可又一想,不对呀,我们内地的物业服务据说都是从香港直接引入的。这位香港朋友经常去内地,对我们的情况很了解,她就说:"我们恰恰不太在意这些皮毛上的事情,物业服务只要把实质的事情做好就行了。"

但有一点我觉得需要说明的是,那个保安虽然没有起立,也没有戴大檐帽,只是在一件很普通的天蓝色衬衣外面挂着工作牌而已,做记录的本子也是极普通的软面抄而已,可他的微笑、他那询问时的眼神,却让人觉得那么认真和亲切,至今我还有很深的印象。

想必,这就是眼神的作用吧。

从保姆的"约法三章"谈起

这是一个并非虚构的故事。

有人在劳动力市场聘一个保姆,薪酬谈好了,可人家保姆开出了条件:我有一个习惯,受不了羊肉和牛奶的味道,一闻就要吐;再就是到了饭时,隔三差五的回来一个,我可就不管了。

我听不少朋友讲,现在要请一个好一点的保姆还真难!尤其在北京、上海等地,保姆开出的条件更高,什么电视要平板的,洗衣机要全自动的,住的房间要带空调的,等等。

我认为,保姆的社会地位提高诚然不是什么坏事,但问题在于雇佣与被雇佣的关系是不能搞反的。

我时常发现,我们有些一线员工,在和业主沟通的时候,一旦出现"卡壳",就会沮丧地回答:"这是我们公司规定的,我也没办法。"

其实,我们应当明白,这种说法对于物业服务企业是非常不专业的。因为我们和业主之间事实上也是一种雇佣与被雇佣的关系。"我们公司的规定"只能对我们公司的员工起作用,对于业主是不起直接作用的。那么,哪些规定才对业主起作用呢?

第一,应该是国家相对于公民的法律、法规和政策,如宪法、民法、物权法、国务院以及地方政府颁布的其他相关法律法规与政策。

第二,业主规约。

第三,经绝大多数业主认同的公众制度。

第四,道德规范类,如国家公布的公民荣辱观、市民文明公约等。

请大家一定要注意的是,如果把某公司的规定用来限制业主,那肯定是有问题的。这就好比把一根拐棍倒着拄,本末倒置。因为,我们毕竟受雇于业主,世界上还没见过有哪个雇员给雇主开出管理制度,并且要求雇主一定

要遵守的事。如果我们照这样的方法去和业主沟通,那当然会卡壳。最好的方法是以业主的切身利益,包括当前利益、长远利益、根本利益和整体利益去打动他。这是因为,业主住在这个物业小区里,只有他的物业资产才是他的根本利益之所在;另外,业主很看重邻里关系。因为业主心里明白,只要住在这里,他就要和周边的人相处。如果大家的关系不和谐,那是一件很痛苦的事。所以,很多业主虽然不怕得罪物管人员,却很怕得罪邻里。请记住,业主大会、业主委员会乃至业主群议,都包含有很深的民主自治的含义在里面,政策法规也作了这方面的规定。

八颗牙齿与标准微笑

我经常听人讲,国际标准的微笑是只能露出八颗牙齿的微笑。当然,这是对女性而言。但是我想,对欧美可行的标准,未必对中国女性合适。因为,老外多半以大嘴为性感美,而我国则多以樱桃小口为佳人的标准之一。国人的脸形、口形又多与欧美有异,何必硬要以八齿现身为美呢。

作为物业服务的起码要求,微笑服务是必要的。但我认为,只要自然就好,每个人的口形、脸形都不同,何必搞得那么教条?再者,那种强挤出来的笑容,别人看了会舒服吗?弄不好还会像赵本山的小品中说的那样:笑得像哭似的。

其实,我们在接待业主时,更需要的是真诚情感。只要你是真诚的,业主一定能感受得到。因为,你首先要相信,业主也是有情感的人。而且我发现,每当有业主来说事儿,他们总会先观察物管人员的表情,并据此判断你的态度。这也许是一个规律,或许叫人之常情吧!我基本没见过耷拉着眼皮来说事的人。

可是,我倒没少见过,当业主来到面前时,有的物管人员却眼看电脑,眼皮也不抬地对答。当然,可能你很忙,但这能成为如此接待业主的理由吗?从心理因素来说,这至少会让对方感到不舒服甚至有些尴尬。这样又怎么能实现有效沟通呢?

我们有的物业企业很明确地提出:要把业主的事当成自己的事。我想,如果真要有了这股心劲儿,就没有沟通不了的事。毛泽东同志曾经讲过,要全心全意地为人民服务,就是要拿出全部的心劲儿,有了这个心劲儿就好办了。

能贴心为业主办事,要比露出几颗牙齿的讨论重要得多。

我们在接待业主时,还要学会倾听。我时常看到,我们的物管人员,微

笑做得很好，就是在对话时不注意认真倾听别人的谈话，我们完全可以从他或她漂浮不定的眼神儿中看出来，甚至有时还会打断别人的话，这的确是不好的。

　　我们首先要听别人把话讲完，然后再表述自己的意见。尤其在今天，人们工作、生活的节奏都比较快，很少有人乐意听别人倾诉的情况下，物管人员更应注意这一点。

　　善于倾听的作用，一点儿也不亚于微笑。这也就是人们常说的"要张嘴必须先学会闭嘴"的沟通艺术。

说话周延与"两个95%"

搞物业服务不可能不与人沟通,而沟通的主要工具就是语言,也就是要说话;话要说得中听,就要讲究逻辑。否则,你说得前言不搭后语,或者逻辑学中讲的"不周延",就容易出问题,甚至把自己给装进去。譬如,有个朋友对我讲,在小区人车分流问题上,一位有车的业主闹得很厉害,他再三给这位业主解释,这是全体业主的意见,这位业主还是不听,而且说既然是全体业主的意见,那他为啥不知道。

事实上,我的这位朋友就是在说话时犯了不周延的毛病。

我们都知道,按照物权法或物业管理条例的规定,某项决定只要有三分之二的业主通过,该项决定就完全可以合理合法地执行了。

这位业主之所以闹,是因为在他的思维逻辑里,就像下面这个三段论:

大前提:我不知道就不是全体业主通过。

小前提:我不知道。

结论:所以你讲是全体业主通过就是骗我;既然你骗了我,我就要找你闹。

可见,说话一定要讲究逻辑上的周延性。

在这方面,毛泽东同志给我们树立了光辉的典范。比如,在新中国成立初期,他就讲过一段至今看来仍然很精辟的话,"为了我们的社会主义事业,要团结一切可以团结的人;要教育一切可以教育好的人。"你看,他并没有讲团结一切人、教育一切人,因为那事实上是不可能的。毕竟还是有团结不了的、教育不好的人存在的。这在历史上叫做"两个95%"。

我们的祖先曾经在各种经典著作中告诫过后人,话不可说绝,弓不可张满,要留有余地,就是这个道理。

还有就是当业主有事需要我们帮助解决的时候,我们的承诺要注意时空

余地，毕竟很多问题的解决不是我们单方面可以决定的。譬如，工程建设遗留的质量问题，牵涉面就很广。物管人员一旦给出一个确切的解决时间，到时又没有解决，业主很可能会迁怒于物管人员。

我还在评标时发现，有的物业公司在方案中经常出现言过其实的地方，如业主一报修，15分钟到达业主家中（我们在现场再怎么计算也做不到）；还有治安案件发生率为零，火灾发生率为千分之几；等等。

这些公司可能没有想到，投标方案是合同的有效附件，一旦发生问题，可就此追究相关责任；一旦把这些服务标准公示出去，业主就会按此对照物业公司的实际行为，一旦某件事没达到这个标准，立即就会形成沟通障碍。

看来，我们说话、做事还是周延一点的好。

盗窃案与"由此及彼"

我们都知道,物管工作的一大难点就是防盗。

一旦发生盗窃案,有的业主马上会找到物管人员吵闹:既然我交了物管费,家里被盗,你们肯定要赔偿我的损失!这时,若遇上经验不足或不够冷静的物管人员,就会对业主讲:"这根本不是我们的责任,赔偿是不可能的。"这样一来,双方很有可能发生直接冲撞,就会搞得不可收拾。那么,我们应当怎么办呢?根据我在实践中得出的体会,似乎如下处理会比较好一些。

首先,我们应当对业主家中发生的被盗事件表示关切与同情,尤其对盗窃者表示愤慨,我们自己遇上这种事情,也会产生同样的想法。但是,这种事情也只能是加强防范的问题。全世界对此都是一个字——防。除此之外,别无他法。再就是寄希望于公安机关能早日破案。我们一定会加强与公安机关的联系,关注破案进度;然后,我们再由此及彼,慢慢论及物权法、物管条例关于这方面的内容,以及物管公司与业主之间签订的协议内容。因为一般都会有"户内的人身、财产安全,除有特别约定外,均由业主自行负责"的条款。同时,在谈话过程中,还要巧妙地暗示业主,我们的安防服务是到位的。当然,要是能佐以一些技术性的证明,如监控录像等,效果会更好。

这就是一种由此及彼的工作方法。

我们常说条条道路通罗马,在工作中绝不能只用一加一等于二的机械、僵化的思维方式。毛泽东同志说过,这种方法是会害死人的。譬如,有位业主同我讲过,别人打那么多墙,我只打了一点点,却要交一样的出渣费。我就同他开玩笑地讲,你看别人打多了想不通,那你也就找一面不影响结构安全的墙打着玩吧!他又讲"我并不想拆哪一片墙啊"。我就笑着说拆了墙再修起来嘛,那样您可能心里会平衡一点儿。他也笑了:这不是脱了裤子放屁

么。我接着又给他讲了社会上模糊数学应用到现实生活中的均衡理论,譬如坐公交上车交1元钱,坐到终点和只坐一站就下车都是1元钱;坐飞机在一定重量限制内,有没有行李托运,机票价格都一样的事儿,他很高兴地接受了我的劝导,再也不说什么了。

大家想必还记得初中课文那篇《触龙说赵太后》吧。那就是咱们中国古代通过由此及彼的方法,进行有效沟通的典型案例。赵太后为了不让儿子长安君去当人质,盛怒等候前来劝她的人。这种情况下,弄得不好是要被杀头的。但是,由于触龙先不去碰这根神经,转而从怎么爱护孩子切入,引发了赵太后的同感,再反证长安君要保住未来的福祉,就应当去做人质的道理。终于让赵太后由极端反对到由衷赞同。

我想,咱们的业主还不至于像赵太后那样,有生杀予夺大权,可以要了咱们的小命吧。那问题就只有一个:看我们怎样去沟通。业主即使"盛怒",只要我们找准了路线,最终总是可以和平解决问题的。

不信的话,请你在遇到类似情况的时候,也试一试这种由此及彼的方法吧。

仅仅是礼貌用语吗

"要尊重业主",这已经是咱们行业的口头语了。

那么,怎样才算尊重呢?很多物业管理服务人员往往会说,我们规定有礼貌用语,见了业主还必须起立,甚至还要敬礼、鞠躬。可是我以为,尊重绝对不是这么简单化、表面化的事。

《新华词典》上是这样解释"尊重"的:敬重或重视,庄重(指行为)。因此,尊重首先是要敬重对方。从词意上看,词典似乎在玩同意反复的游戏。但细想一下就会发现并非如此。你想一想看,我们平常只有对长辈、师长或某些领导,才会有真心实意的敬重感。对一般的友人或亲人,大多仅是一种喜爱、喜欢和亲情而已。

所以,尊重不是那么轻而易举的,更不是上下嘴唇那么一碰,很随意地蹦几句常规的礼貌用语就行了的。

尊重的第一要素是发自内心,靠应付是绝对找不到那种感觉的。也就是说,我们只有从心里把业主当成衣食父母,才会从内心深处对他们产生衷心的敬重,表情上的尊重才能真实地流露出来。在这一点上,切不要小瞧了我们的业主,你一定要相信,他们绝对读得懂我们外表下的内心。比方说我们的护卫队员,在帮助业主提重物的时候,尽管使用了礼貌用语,但要是一种迫不得已、很无奈的心理,那业主一定会感受得到。

要说尊重的其他要素,我就想讲一下多元化的问题。

世界上的很多事物,都不会是单一构成的。尊重亦如此。

我们应当认识到,尊重是一种主观行为,是要表达这种意愿的人,对预期将被尊重的人,通过心理、表情、动作所传达的一些信息。关键在于要让对方能够充分地感受到这种信息。

比如,我们对自己父母的尊重,那种感情的自然流露,难道不是非常真

切的吗？业主是我们的衣食父母，我们如果能像尊重自己的父母那样去尊重业主，又有什么事情不能沟通呢？

其次，我们还应当看到，尊重又是多元的。好比说当天气变化时，我们会给自己的父母一个电话，"要注意加衣服哟"；当他们行动不便时，我们小心地搀扶他们；当他们生病时，我们至少会在身边照顾，弄一点可口的饭菜；等等。而不会只用简单的礼貌用语去尊重自己的父母吧。

所谓多元，即多种构成。比如，尊重就是有性别差异的。说到这里你可能会笑，这是咋回事呢！因为我们讲对业主的尊重，就应该知道，业主首先是分男士和女士的。好像一些外国人，他们在致辞时总是先提女士们，然后才是先生们一样，这就是对女士不同于男士的尊重。这可是国际惯例。

再就是无论从社会现象还是心理学的角度来看，女性都更加在意别人对她的尊重程度。比如，一位女业主，无论她的装束、修饰，基本可以说都是为了取悦他人，也无论她在主观上是否承认这一点，客观存在就是这样。那么，我们的物管人员对她的尊重，难道就不能赞美一下她的发型、装饰吗？难道就只会讲一点礼貌用语吗？特别是当她的修饰哪怕是发生了一点变化，我们也注意到了，并给予善意的赞美，她一定会感到受到了极大的尊重。

《圣经》上讲：哪怕你的赞美会给他人带来须臾快乐，也是为善。对这种善事，我们难道应当吝啬吗？

前面我们已经说了，词典上对尊重的另一条注解是重视对方。可对方的外表一点也没有引起我们的注意，或者注意到了也没有表达出来，那又怎么能让对方感受到我们对她的尊重呢？我们千万别忘记，马斯罗的需要层次理论中，尊重是属于较高层次的。

又比如说对老年人的尊重，就有别于年轻人。从心理学的角度来说，老年人最渴望的就是健康长寿。如果我们参加过老年人的寿宴，就会看到和听到，人们的祈颂、贺礼一定都和健康长寿有关。你总没见过谁去祝愿老年人"好好学习，天天向上"吧。这就是尊重的年龄差异。

再拿今天的小孩子来说，一个个都是家里的小太阳。对他们未来发展方向的鼓励，既是对孩子的尊重，更是对他们家长的尊重。我曾做过观察，当孩子们在小区的作文比赛中获奖后，家长的那股高兴劲就甭提啦。他们在意的并非孩子获得奖品的多少轻重，而是那一份获奖证书。那可是孩子参加社区活动的证明啊！又比如我把"祝小朋友节日快乐"的儿童节标语，换成了

"祝孩子们成为中华文明的栋梁之才",既尊重了孩子,又引发很多家长教育子女在小区里活动要讲文明。这比我们硬性制止小孩攀折花木效果要好得多。

尊重的实例还有很多,想必我们都会举一反三吧。

血型会影响沟通吗

关于这个问题前段时间西方国家有过报道。但几乎都没有特别肯定的结论。一般而言，还是对人的心理气质、类型进行分析较为普遍一些。

按照心理学的归纳，大体可以分为如下几种气质和类型：多血质、黏液质、胆汁质和抑郁质，以及随和型、好事型、虚荣型和冷漠型。气质与类型是互相对应的。这些气质与类型，与人的性格、习惯和思维方式是息息相关的。

譬如，多血质的人往往善于言谈，容易与人交流沟通。但在类型上属于随和型，其缺点表现为善变，对本已谈好的事情，等了一阵子可能就会变卦。所以，对于此种类型的人，在洽谈比较重要的问题时，一定要做好由双方签字认可的记录；对一般性的问题，则可采取反复叮嘱法，如"就这么定了，你可不要再变了！"以便把事情敲定下来，避免无效沟通。又如，胆汁质即我们通常所说的脾气火暴的人，往往喜欢越是在人多的地方，越要和你争个输赢。所以，和类似的人讨论问题，一定要讲究"场效应"。

所谓场效应，它既是一个哲学概念，又是一个现代管理学概念。即在不同场合下，事物的发展结果是不相同的。有的甚至会走向期望结果的反面。这好比两口子在家里争吵，事后终会言归于好。但要是有一些朋友在场，则往往会出现越劝越糟糕，甚至打得一塌糊涂的局面。这就是场效应的通俗版。现在人们那么热衷于《江南style》，连潘基文和李明博都加入进来了，那就是一个"场效应"，让人们尽情发挥、发泄。可以想象，我们在小区组织一个业主骑马舞大赛，还是大有市场的。这也告诉我们，要实现和业主的有效沟通，注重场合的确是一个不可小觑的问题。

刚才我们曾经讲到过人们的心理气质，如果接着说下去，还可以讨论一下。就拿胆汁质的人来说，一般而言，都是脾气比较火暴的人。如果你是在向业主交房的现场，就会发现，明明流水作业的台面就在那里，可要是一个胆汁质的业主进来，他也清楚地看见了办理交房手续的地方，可他往往还是会大声地、故意视而不见地问：在哪里办啊？不就是交费吗！很有盛气凌人的味道。我们前面讲过的场效应如果体现在这种人身上，那就是人越多的地方，他越想和你争个输赢。所以，和这样的业主交流，我们一定要注意场合，选择适当的时间、地点和环境，再与其沟通，效果一般来讲要理想得多。而且，这种类型的业主，往往最后还会成为物管人员的好朋友。对此，我自己就深有体会。

那是十几年前的事了，至今我还记得非常清楚——由于我的工作不细，听误了一个项目经理的汇报，在做出决定后，伤害了一位老年业主的感情，下班后我主动到他的家里表示歉意，还和老两口一起吃了他们做的馄饨。这位老大爷脾气非常不好，加上又有心脏病和肝病，连他老伴儿凡事都让他三分。在之后的一次业主座谈会上，当有的业主提出保安晚上没有巡逻时，这位老大爷立即站了出来大声地说："我晚上心里难受睡不好，在阳台上亲眼看见保安隔一会儿就巡逻一次，你们都睡着了，怎么说人家没巡逻呢！"一时间，所有的人都不吭声了。他这么一说，当然也就无需物业公司的人员再去做什么解释了。这就叫业主说一句比我们说一百句都强。所以说，胆汁质的业主尽管表面上看来似乎爱吵爱闹，其实很容易成为我们的朋友。事在人为，就看你怎么做了。

总而言之，"人上一百，形形色色"，世界上根本就没有完人。我们姑且不说什么心理气质，即便承认血型对人的性格有一定的影响，难道我们就会不让某种血型的人存在吗？即便血型对人的性格，尤其对人与人之间的沟通有一定的影响，难道我们会为此而不去沟通吗？

作为一个物管人员，要与各种各样的人打交道，只有善于沟通，才算得上是基本适应岗位需要的人。我们想一想，连两千多年前的孔子都讲过"有教无类"，更何况我们身为今天的现代企业管理人员呢！

我们决不能让血型决定性格、性格决定沟通效果的客观唯心主义观念影响我们工作的主动性和能动性。在任何工作中，最大的敌人不是别人，而恰恰就是我们自己。

久违了童年的蛙声

我住的小区离主城区较远，是主城的后花园。由于环境比较好，不但小区里鸟儿多，夏夜里还经常蛙声一片。听见这蛙声，我常常感到自己又回到了童年时代。那时候家里连电风扇都没有，更甭说空调了。几个小伙伴，不管谁家的破凉席扯上一床，随便往楼下的泥地上一铺，一边数着天上的星星，一边听着信口开河的龙门阵，最后就在那一片蛙声中睡着了。这样的夏夜多惬意呀！可随着城市的发展，再也听不见那童年的蛙声了。

让我没想到的是，居然有的业主会说青蛙的叫声吵得他们睡不着，还让物业的保安去把青蛙捕捉干净。保安们叫苦连天：这个东西怎么捉得干净呢！

后来，我写了一篇《忆童年的蛙声》登在企业报上。这份企业报每期都要送给全体业主。我至今还记得，文章中引用了"蝉鸣林更静"的句子，用以佐证蛙声恰恰衬托出夏夜的静谧。若说蛙声吵人，那只能印证人的心里不自静，或有烦恼缠身。

从那以后，再也没有业主让保安去捉青蛙了。

无独有偶，市房管局的一位领导在谈话中忽然问道："你们那里的青蛙问题是怎么处理的？"我就讲了这篇文章的事。原来，在市里其他一些小区，甚至是一些高档别墅区，也出现了这样的矛盾。于是，这位领导就让市里主办的行业专刊刊发了我的那篇文章，以供业内借鉴。

我说这个故事的目的是想说明，与业主实现有效沟通，方法是多种多样的，千万不可拘泥于某种单一的方式。而且，潜移默化是最好的方式。我们不是有"攻心为上、攻城为下"的典故吗？

在青蛙这件事上，我们可以有多种处理方式。一是不去理他，听之任之。但这样就违背了业主的事再小也是大事的服务宗旨。二是真的去捉青蛙，你捉得完吗？三是放药，那样既不环保，又影响了观赏金鱼等其他生物的存活。所以，我们就得另想办法。

　　由此，我也想到了宣传引导的作用与力量。列宁曾经讲过，工人阶级队伍中不可能先天就具有共产主义理想，它必须要靠先进的知识分子去灌输。这就是著名的"灌输论"。就拿我们今天面对的业主来讲，若是回到二三十年前，恐怕没有人会了解什么是物业管理服务。而今天就不大一样了。人们不仅在生活上离不开物业服务，更要求享受物业服务了。这个进程其实也是很多事实证明、媒体宣传、物业服务企业形象感染的灌输过程。

　　在某个物业项目的服务过程中，我们难道可以离开对业主进行相关法律法规和政策的宣传灌输吗？如果我们对业主的行为听之任之，那就可以不要物业管理服务了。只不过我们要讲究宣传灌输的方式、方法罢了。

不知道卖啥咋付费

在日常工作中，我们除了与单个的业主进行沟通外，还要注意和业主群体的沟通。这种沟通的方式主要包括：一是把企业自身的相关信息公示出来，如营业执照、资质证书、信誉记录、现有规模、所获荣誉、组织架构等，目的是让别人知道"你是谁"；二是把该项目的人员配置公之于世（姓名、照片、专业和工号）、工作流程（如入住手续办理、装修管理流程、业主诉求方法与流程、其他办事流程等），也就是告诉别人"怎么办"；三是将物管企业所提供的服务标准、服务内容，包括特约服务内容公示出来，让别人知道你是"办什么"的；四是要通过公示告知业主，物业区域有哪些法律法规、政策以及公众制度需要遵照实行，也就是让别人明白该"怎么做"；五是在公共部位，包括泳池、绿地、运动休闲场所、会所、车库（露天车位）、各种通道、电梯、小区出入口等处，应该设有明显的标志，也就是告知业主"怎么用"。当然，要说下去的话还有很多，大家可以仔细琢磨。

通过以上这些努力，很多业主尽管没有和我们个别交流，但整体沟通效果是一定会产生的。在这个基础之上，我们再进行个别沟通时，肯定要方便得多。

笔者在现实生活中观察到，我们很多物业管理企业的通病在于，要么是公示资料缺项；要么是公示资料生硬、呆板，给人一副僵化的面孔，没有生气。"文如其人"，这是古训。毛泽东同志就曾严肃地批评这种文字是"党八股"。

与人交流是必须通过语言来进行的。语言则分为口头语言、书面（电子类）语言和肢体语言三种。我们可千万别在书面语言上过于僵化。

"××物业严禁车辆进入"，小区属于全体业主，物业公司是业主聘来为业主服务的，有什么权利发出这样的指令？遗憾的是，这样的标志我们在不少小区内仍能见到。

我在某物业公司做顾问时,曾经遇到这样一件事。某小区要交房之前,我一再问各种公示资料是否齐备。该公司分管项目部的领导回答说一切齐备。结果到了交房那一天,不少业主闹了起来,其中一个原因是在交房处没看理应公示的资料。于是我反问那位公司负责人:"你不是说都有了吗?"他回答说的确有,都写在《业主手册》里了。我一下子明白问题的症结所在了。物管的人讲有,是说在手册里;业主说没有,是他们根本就没有仔细看《业主手册》,而且,在未接房时他们也看不到《业主手册》,更谈不上里面的内容了。再就是在交房大厅里,业主没有看到公示的相关信息。

这至少说明我们没有从业主的角度多去想一想,那么一大本手册,是不是所有的业主都会耐心地把它仔细读完,即便读完了是否又记得住那么多内容。所以,把这些相关内容事先公示出来,应该说只有好处没有坏处。

卖啥吆喝啥,这句老话在今天看来,仍然有它的新意。

在乎山水之间也

欧阳修的《醉翁亭记》脍炙人口。其中的名句"醉翁之意不在酒,在乎山水之间也",千古流传。

我从史料中发现,欧阳修饮酒的一大特点是很少独酌,必须要有人与他交流沟通才行;而且他喝酒还必须要有一定的环境,当然是比较优美的环境。

其实,与人一起喝酒,也是一种交流、沟通的方式。

为什么现在大家在一起聚会,总是要找一个地方,就是这个道理。我们和业主之间进行沟通,也应当讲究环境效果。本书前面所讲到的场效应,与此有相同的道理。我们在日常生活中常好说某人讲话不分场合,就是这个意思。可见,光有好酒还不行,还要有"山水之间"才行啊!否则,再好的美酒也会少了韵味。

我已经看到,有的物业公司很注意对业主的接待,有的物业公司还设立了专门的接待室,甚至连接待室里沙发的样式、色彩、高矮都用心做了考虑。比如说矮矮的、软软的、天蓝色的,让人一坐上去就会安静下来。再加上接待室里诸如色调、字画、花卉的布局等,处处给人以静谧的感觉,此时,再来上一杯香茗,整个气氛就会被调整到一种最佳状态。在这种环境下,肯定会有利于沟通的进行。

我并不迷信,更不相信来世论。可我读了不少宗教类的书籍。主要是把它当成一种人类文化现象来学习、鉴赏。我的办公室里就有一尊释迦牟尼佛祖石像。有的业主一来,首先双手合十,口念佛号:"阿弥陀佛"。还是一个居士,原来他对物业服务有很大的意见,想找我来扯一扯皮,可没成想在我这里见到了佛陀,佛家的五戒之一就是诫嗔。于是,我们就聊起了佛教的事。后来,我们成了很要好的朋友。这件事给我的启发很大,它说明了一个道理,同样的一件事,不同的情境下,会有不同的结果。

比如说在天气很热时，一个很生气的业主来到客户服中心投诉某件事，我们的接待环境很幽静，再给他倒一杯清凉饮料，先让他歇歇气，工作人员再温和耐心地向他了解情况。我想，即使脾气再大的人，也会平静下来的。

常言道，细节决定成败。这些与业主沟通的细节，我们平时可曾注意到？

说起来还有一件小事。在我们提供服务的一个小区里，我发现有一棵造型古朴的大树，恰好根部有一个树洞。于是，我就安放了一尊石雕的城隍菩萨在里面；并且请当地寺庙的方丈组织了一场佛事，没想到很多业主居然主动参加进来，还挺热闹。不少业主还把方丈请到家里"开光"。此后，树洞那里经常有人去进香。这些人当中绝对没有拖欠物管费的。这个树洞也成了小区一景。

这也可以说是"醉翁之意不在酒，在乎山水之间"吧！

沟通方式也要因地制宜

我们和业主之间的沟通，不仅要注意方法，还要讲究方式。

在我们的成语故事中，就有橘枳生变的典故。

说的是生长在南方的橘子，一到了淮河以北，再生长出来的果实就成了枳。中医中的一味药叫"枳实"，大概就是这个玩意儿。实际上这个成语就是告诉我们，做任何事情都要因地制宜。

因为，生活在不同地域的人，不仅有语言差异，还有生活习惯、工作习惯、交往方式的不同。这也许就是人们常说的人文地理吧！

我常年生活工作在内地。这些年来我干上了物业服务这一行，得以有机会经常听东南沿海地区一些优秀企业的老总来传经送宝。其中，耳熟能详的一个示范教案是，在某特区城市的一个小区内，物业服务人员要想阻止随地吐痰这种不文明行为，他们与业主的沟通方式是：如果听到业主在路上有咳痰的声音，保安会立即走到业主前面，用双手做出接痰的样子，并劝导业主："您若要吐的话，请吐到我手里好了！"

我相信这种方式在一些新兴开发型城市是可行的。因为一座新兴城市，新的人与人之间的关系、新的行为规范，甚至新的道德标准，比起一座有几百年甚至上千年传统文化积淀的老城市来讲，形成起来要容易得多，特别如深圳等地，国内"移民"占绝对优势，且白领阶层占较大比例。

若拿重庆这座内地城市来比较，差别就大了。

还拿方才讲的那种方式，同样用来解决随地吐痰的问题，在重庆就很有可能会成为一场"战争"的导火线。这里的人兴许会把这种方式当成"臊皮"。其后果一是不但不能收到良好的促进效果，反而会引发纠纷，严重一点的话，还有可能发展到出现不可收拾的局面；二是有的人可能干脆就把痰吐在保安手上，甚至身上，看你怎么办，不是你"胀"我，叫我吐的吗？这

时如果有围观的其他业主,很多人反而有可能会附和那位吐痰人。当然,社区文明也有它的发展过程,任何文明的形成都不是一蹴而就的。我们在这里应当客观地把"现实—过程—以后"既联系又区分开来加以认识,而不能笼统地判定行与不行。

再就是我们经常听到讲"隐性服务"。我认为这也需要因地制宜地加以应用。可能在有的地区或小区这样做业主会非常高兴,因为这既不影响他的视觉,又不会对业主造成干扰,应是好事,无可厚非。问题又在于地域差别,以及当地、当时的人文状态。我就没少听到有业主讲:"你们物管公司的人都没见着几个,还要收那么高的物管费,太黑了!"当物业服务人员解释说:"我们的工作人员是隐性服务,您还没看见的时候,他们就做了很多事情,如打扫卫生、清运垃圾、安全巡查等。"他们又会说:"反正我没看见。"这可能也是我们当前的一种社会现实,现在连不少餐饮业的店堂,都推崇当着食客的面"现挂"(现挂本是相声艺术的一种表现形式,指当场随口编出笑料即所谓的"包袱")。有较真的业主甚至还会去清查,物业公司到底派了多少个人进场,连夜班都会去查!现在物业提出的物业服务"可视化",就是相对"隐性服务"业主看不见而言的。比如对小区内有蚊蝇的问题,很多物业都是定期喷药来解决。大家想必知道,在露天状态下,喷洒的药物风一吹就挥发了,既费钱,加大了物业成本,又没有多少实效,业主照样有意见。但保利物业采取在小区安置灭蚊灯的做法,让所有的业主都看见了他们的服务,再有人被蚊子咬了,他可能只怪自己的血型招蚊子,而不会怪物业不作为了。

前些日子我去广州考察保利物业的一些项目,发现心语花园的一个项目经理有些"高招"。广东人喜欢喝茶,这个经理也爱喝茶。他对我说:"我每天至少有两个小时是和业主在一起喝茶。"这可是件很了不起的事!你想,爱喝茶的人坐在一起,那还不是什么都聊呀!结果可想而知,那些和李经理一起喝过茶的业主,都成为物业公司的好朋友,一有什么紧要的消息,他们首先就会通报过来,而且还帮助物管人员做了大量解释工作。这个小区只有1000多户,两三年下来,差不多都和这些物业经理成了朋友。

所以,我们一定要讲究因地制宜,而千万不要生搬硬套别人的经验。当然,我一再说明的是,并非别人的经验不好,而是客观环境的区别。毛泽东思想最重要的精髓之一,就是一切以时间、地点、条件为转移,主观意识一定要和客观实际相吻合。

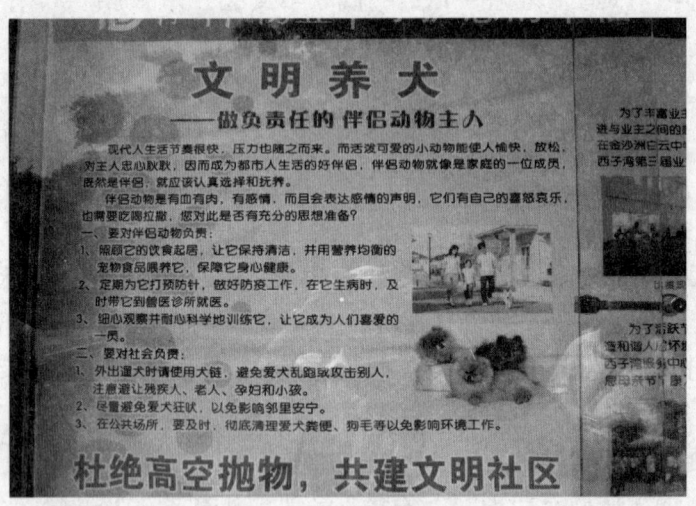

广州某社区制作的宣传栏,其养犬规定非常明确

打预防针的启示

我们可能都打过预防针，今天的小孩子就更不用说了，从一生下来就打预防针，每个月一次，打到10个月暂时停下来，从一岁半再开始，要一直打到入学。最近，看见小外孙总打预防针，我就想到，所谓预防针，关键在预防。这有点像古人讲的"预则立，不预则废"。

由此，我想到了怎样和业主有效沟通的事。

我认为，沟通分为广义沟通和狭义沟通。如果说狭义沟通是与单个或少数业主之间的事，那么广义沟通则应当是与大多数业主之间的交流。在更多的情况下，很多事情是不可能总是把大家请来一起开会沟通的。那么，怎么办呢？

第一，应当对一些相关问题作先期的公示。很多事实证明，这种先期的公示太重要了！它实际上就是我们和业主之间预先的一种沟通。尤其在业主购房时，一定要让他们直截了当地看到这些相关内容，在业主收房时也能继续看到这些东西，这就相当于打了两次预防针。当我们通过小区的宣传栏、局域网、企业报和温馨提示栏发布各种相关信息时，那就几乎等于是又一次打了强化性的预防针。很多业主就会对违反法律法规和公众制度的现象有了抵抗力。

我在广州看到，很多街道社区组织就设在小区里面，这些社区组织办的宣传专栏也很有特色。他们很早就在专栏上宣传怎样养狗，怎样遛狗，怎样做到养狗不至于影响邻里关系，等等，效果很好。街道出面讲这些事，是很有权威性的，给物业公司减少了不少麻烦。

第二，我们可以不定期地召开一些适当规模的座谈会，分期分批地与业主群体进行沟通。但千万要注意的是，在条件不够成熟的时候，不可以上来就召开全体业主大会。我在这方面吃过亏。在后面的文章里我会谈到底吃了怎样的亏,现在我们主要讨论事先向业主宣传或者叫灌输一些公众制度的问题。毛泽东同志曾经说过,除了沙漠,凡是有人的地方,都会有"左、中、右"。一件事情总会有一些不同的观点和看法,这是很正常的,问题在于我们采取怎样的方式去做工作。在一定的可控范围内进行讨论,正是为了达到更好的沟通效果,避免可能产生以讹传讹的负面影响。正如小孩子打预防针,尽管打针的时候他会抗议,又哭又闹,但是打了针以后,不但自己有了抗体,更不会传染给别人;如果不打预防针,不但自己没有抵抗力,还会把病传染给别人。

我在一家大型企业做顾问时,就曾经历了这样的事例。马上要向业主交房了,我询问是否早就做了相关信息的公示,得到的回答是肯定的。结果到业主收房时,才晓得事情搞糟了,但要纠正已经来不及了,结果业主闹得很厉害,造成了很不好的负面影响,我自己也很愧疚。要是在事前能深入到项目中去,给全体员工把预防针打到位,这样的事情或许就可以避免了。

事后我认真总结了经验,还是早打预防针好。

沟通绝不是一味迎合

我们讲沟通，一定要看到它的多样性。

沟通绝不是一味地吴侬软语，也并非因为我们前面讲了那么多，所以大家就容易产生误会，似乎沟通就一定是迎合。

事实并非如此。历史上很多著名的有效沟通，多是软硬两手都要抓。

1945年抗战胜利后，为着中国向何处去，国共两党几经谈判，地方谈、中央谈，可谓谈谈打打、打打谈谈。其中，最著名的就是重庆谈判。而所谓谈判，就是沟通的官方说法。当年毛泽东同志在重庆，就对前线的将士讲："你们在前线打得越好，我在重庆就越安全，谈判就越有利。"

这个史实告诉我们，在双方谈判的过程中，并非一味地迁就、妥协才能实现有效沟通。因为妥协与迁就是没有止境的。

譬如我们与业主之间双方各执一词，在某个问题上虽经多次磋商，还是达不到解决问题的目的，但是又不能放弃我们必须坚持的底线，就可以通过行政仲裁或进入法律程序来解决。采用行政或法律的方式，实质上仍然是沟通的继续。我们一定要解读一个过去认识上的误区，似乎一打官司就成了冤家、死对头，其实不然。

就拿"打官司"这三个字来说，"打"并非一定是打架的意思，我们日常生活中的打饭、打开水、打字、打广告等，难道都是真的要打起来吗？在汉语里，"打"充其量也就是一个动词而已；"官"也就是有权威、有裁定或判定强制执行力度的人或机构；"司"则是司其职。一是官家要司其职，二是诉求的各方在判定以后要承担相应责任和义务。由此看来，即使是打官司，也可以说是沟通和协调的延续。

我在某个地区工作的时候，就曾为一些事情与业主委员会打过官司。但我们双方事先有个约定，就好比大家都在做一道数学题，谁都认为自己的答

案是正确的。当双方争执不下时，只好去找老师来裁定，就像寻求法律程序的帮助。这样做绝不是意味着沟通进入了绝境，无路可走了。所以，当我们双方走出法庭，又一路谈笑风生地回到小区，而且还再次约定，法庭怎么裁定，我们就怎么办，不要再浪费时间了。其实，这样也能达到沟通的目的。

纵观当今世界，可以说就是一个沟通的世界。中国在今天的世界外交舞台上，外交艺术更是炉火纯青，得到了不同国家的赞赏。比如，在香港回归问题上，邓小平同志非常灵活地提出了"一国两制"的伟大构想，并已经得以实现；但在是否驻军的主权问题上，邓小平同志非常强硬，连号称"铁娘子"的撒切尔夫人也不得不服软。这种沟通艺术难道不值得我们学习吗？在和平共处五项原则基础上，我们绝不能讲：反正香港是我们的，到时候我们就收回来，沟通什么呀。当然，我们国家强大了，有实力了，这样做英国人也没办法。但这还有外交吗？所谓"交"，就是沟通，外交就是对外沟通的意思。一个国家没有了外交，还能屹立于世界民族之林吗？

外交不是一味地软，沟通当然也不是一味地软。这方面是不应该有认识上的误区的。

我原来所在的公司曾经接手一个建筑面积24万平方米、有1300余户业主的小区，因为有两三百户业主不交物管费，所前一家物业公司撤场了。我们进场后，通过与广大业主和开发商进行广泛、深入地沟通，终于解决了开发建设中遗留的各种问题，这些业主也补交了多年的欠费。

还有另外一个小区，根据问卷调查，97％以上的业主要求人车分流。我们就把业主签名的表格做成海报，公之于各出入口。当有的业主还是想把车开进小区时，门就回答说："不是我们不让进，而是根据广大业主的意见决定不能进车，我们只能执行，请您谅解。"后来就形成了规矩，全体业主都能自觉遵守。时间长了，大家都感觉人车分流好得很。

可是有一天，一位领导的车非要闯进来不可。这位领导就是很多人都通过网络熟识的"不雅照"官员，重庆北碚区的原区委书记雷某。当时他可是权倾一方啊！我们的门卫再三解释，他还是不下车，随从的秘书、司机还大耍威风。我们的工作人员坚持既要达到有效沟通，又要坚持原则的立场，对他们讲："再这样闹下去，围观的人多了，你们不怕影响领导的形象吗？要是再有人给你们上网一晒，那可就麻烦了！"他们听了之后也表示认同，老老实实地陪着这位领导走了下来。看见的业主都鼓起掌来，从此就再没有人非要把车开进小区了。接着，我们又公布急救车、搬家车，包括执行任务的警车、消防车可以进入小区，业主就更高兴了。

还有一个案例，说的是重庆市有一个高尔夫花园别墅小区，很多业主有意或无意地养成了欠交物管费的习惯，有的人甚至到了恶意拒交的程度。物业公司的项目部通过各种方式催缴，效果甚微；想通过法律手段解决，又怕得罪业主，今后更加不好开展工作，感到左右为难。结果，就是受这种畏难情绪的影响，数年下来，欠费金额高达300余万元，由于积重难返，又导致恶性循环，收费率一直下降到30%左右，连物业公司工作人员的工资发放都成了问题。在这种情况下，无论上级怎样强调品质服务，可以说都是难以维系的。而品质一下降，又给业主找到了不交物管费的理由。事情最后搞得非常难堪。

这就是把沟通当成一味迁就的害处。

同样也是这个小区，由于一开始就由安防队员无偿给业主送报刊，日久天长就成了习惯。一个建筑面积60多万平方米、598户业主的山地别墅小区，仅周界就长达13千米，2个队员啥事不管，专门负责分送报刊，这个成本多高呀！可很多业主还有意见，嫌报纸送晚了。这本来就是该邮局的事儿啊！我们免费服务还挨骂，太不划算了。后来，我们就主动与邮局联系：你们卖出去的东西，当然该你们送货上门，怎么该我们义务服务呢？同时，向业主做了大量的反复宣传，得到了业主的认同，这个问题也就解决了。一点矛盾也没发生，效果超出了原来的预想。若我们一味迁就下去，既给物业服务增加了成本，又没有服务到位，业主还不满意。尤其当我们向业主讲到让这两个发送报纸的队员去给你们提供更好的安防服务后，他们都很高兴地讲，这才是办正事。之间的抵触情绪都消失了。事实上，一味迁就根本达不到沟通的目的。做过物业管理的人，想必都有这种切身体会吧！

饭要一口一口地吃

开座谈会是一种有效的沟通方式，这是毋庸置疑的。问题在于开座谈会也是有讲究的。我们无论办什么事，如果不讲方法，那就很有可能把好事办成了坏事。

我本人就吃过这样的亏。

那是若干年前，我们公司管理服务的小区里有一幢大厦，里面住了不少市外科医院的外科大夫。问题的起因就发生在这些大夫身上。一些退休了的老年人，纷纷要求客运电梯在夜里 10 点钟停止运行。因为他们的房间挨着电梯井，哪怕一点点声音，他们也睡不着觉；而医生们则极力反对电梯限时。理由是他们下了夜班没有电梯是不行的。半夜三更也有可能随时要去做手术，更是离不开电梯。

本来这应当是不成问题的问题。因为电梯肯定是应该 24 小时运行的。为了协调这个矛盾，当时作为物业公司总经理的我，出于好心，让项目部通知这些业主来开一个座谈会。但没有想到，好心居然办砸了好事。双方竟然在会场里面对面地发生了非常尖锐的争执。一下子就让我陷入了非常尴尬的境地——无论你表态支持哪一方，其结果都是会得罪另一方。可想而知，这样的会最终是什么样的结果：双方不欢而散，我的衬衫扣子都被扯掉了！

问题到底出在哪里呢？事后我经过认真反思，终于明白了一个道理：凡事欲速则不达。就好比孵小鸡，若违背客观规律，老想快一点把鸡蛋变成小鸡，一个劲地加温，其结果只能是把鸡蛋烤糊了，小鸡最终是出不来的。从大的方面说，好比当年共产党的军队，若没有前面很多战役的铺垫，一上来就直接打淮海战役，恐怕天下大势就不是今天这个样子了。共产党也是通过像湘江战役那样惨痛的教训，才明白了"饭要一口一口地吃、仗要一场一场地打"的道理。

上面讲到，如果我不是一上来就召开全体业主大会，而是分开若干次，分别征求不同人的意见，再把大家的意见汇总起来，反复酝酿几次，可能沟通效果就完全不同了。

　　我们应当看到，在今天的社会格局下，哪一个物业小区全体业主的思想认识会是完全一致的呢？比如，养狗就有反对有赞同的，车辆是否可以开进小区有反对有赞同的，等等，几乎凡事都会有不同意见。其实，这正是社会正常的表现，就是在企业里，甚至在军队里，有不同意见是很正常的。如果全世界的人都只有一个观点，那还要沟通交流做什么。

　　若按照哲学的观点来讲，就叫做矛盾是普遍存在的，只不过我们要通过耐心细致的工作，也就是有效的沟通交流，达到对立统一的目的而已。既然如此，当然也就应当一步一步地开展工作，切不可忙于攻城。"攻心为上，攻城为下"，这是从古至今很多大军事家、战略家的行为准则，值得我们学习应用。而所谓攻心，就是找到各方利益的平衡点，否则，还攻什么心呢？

　　攻心可是一件急不得的事，正如吃饭，还是要一口一口地吃，你说对吧？

自己要有点儿"3D"

我们和业主之间的交流沟通,更多的时候可能是在非正式场合。而且,可能这样的方式更为有效。那种正儿八经地坐下来你一我二地沟通,双方都不太容易敞开心扉。

比方说,我们在小区里或其他地方遇见某个业主,很可能要聊一会儿。这也是一种沟通方式,而且更为自然。

但是,这样随意性的沟通,很有可能是天南海北、海阔天空地聊开去。这就要求我们物业管理人员必须具备一定的综合素质才行。

那么,作为一名物业管理人员,应当具备哪些基本素质呢?我以为,起码要有"长"、"宽"、"高"这三个基本面,按照目前比较流行的说法,就是要具有一定的"3D",即三维立体水平。

所谓"长",就是要学有专长。我理解,作为物业管理人员,其专长主要应当包括:一是要清楚地了解相关的法律法规、政策,以及当地的行业规定、当地的习惯做法,等等;二是要掌握物业服务本身的专业技能,也就是本专业起码的应知应会。

所谓"宽",当然是指知识面而言。这是相对于我们的工作性质,也相对于广大业主的需要而言。我们接触的业主,可以说什么样的人都有。要和他们达到有效沟通的目的,总不能一见面就就事论事,或者除了工作上的事,其他一概免谈。既然要交谈,就要从双方都感兴趣的话题开始。在这种情况下,最忌讳一是找不到合适的话题,二是话不投机半句多。尤其在今天这样的信息社会,每个人的信息量都很大,一会儿"苹果",一会儿乔布斯;一会儿利比亚,一会儿 CPI;而且业主中从政从教、经商办厂、白领蓝领无所不有,与之交谈的话题无所不涉。要是知识面不宽,话不投机,那效果就可想而知了。

还有一个"高"的问题，就是指我们从业人员的思想境界要高。我在这里不讲大的方面。从业人员最起码要干一行爱一行，爱一行钻一行。最忌好高骛远，一会儿看见这里拿钱多了，一会儿看见那里工作轻松了，这就成了莫泊桑笔下《跳来跳去的女人》中的主角了。离开了这个"高"字，即便你做到了前面两条，也不可能取得什么建树，更不可能和业主进行有效沟通，因为你根本就心不在焉。

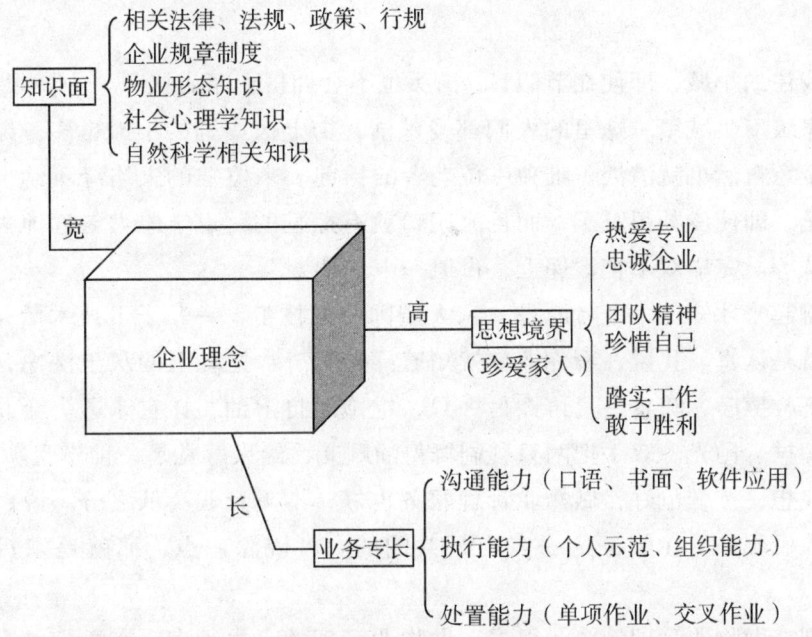

当今社会，很多数码产品不是都在标榜3D吗？所谓3D也就是在图形上具有长宽高的三维立体视图效果而已。若用来比喻一个人，给别人以立体的感觉总比平面的感觉要鲜活得多吧！

擦鞋人的生意经

我住的小城,即使在节假日,街头也不会拥挤到摩肩接踵。小城很干净,是国家级卫生城镇。这里的人们都爱整洁,街上擦皮鞋的小摊也多。摊子多了,生意自然也就清淡。唯独一位老者的摊前,来擦鞋的人络绎不绝。就连我也是,即使皮鞋很脏了,而且家门口就有擦鞋的,也宁愿大老远地去他那儿排队等。完毕双手把钱递上,再道一声"谢谢"。

聊起来才知道,老者原是一家大型国企的技工,一辈子干技术活儿,讲究的就是认真。我说,看你擦鞋就知道:先用清水把鞋上的灰土洗净,再用干布把鞋擦净,晾着一只再擦另一只,饱饱地打上油,让它渗透一会儿再仔细地擦拭、抛光。双手把两只鞋刷舞得溜顺儿,给人感觉是一种享受。

我想,擦鞋也好,做物业管理服务也好,本无贵贱高低之分。说白了都是为人民服务。在服务这一点上是共同的。再说深一点,那就是宗旨是一样的。

现在做物业管理的企业很多,做物业管理的人也很多。在激烈的市场竞争中,我们只有把功夫练扎实,把事情做到位,才会有人找上门来,要你去干,而不仅仅是你要去干。这可是无言的沟通。

有一句老话叫"此时无声胜有声",说的就是这个道理。我听说深圳的一个小区,曾经发生过这样一个故事。有位业主边走边嗑瓜子,吐了一路瓜子壳。一位训练有素的保洁员,一声不吭地在后面一路跟着扫。这位业主一回头看见了,非常不好意思,主动表示再也不乱吐瓜子壳了,其他的业主看见了,都为这个保洁员的行为而感动。

这不就是一种很好的沟通吗?

我有幸参加过几次不同规模和不同层次的行业技能大赛,还当过评委。在评审中我发现,一些优秀的客户服务员,很有沟通天赋。比如说,不少人

在模拟电话响了两声后,都会询问:您的楼号、贵姓;而这些比较优秀的客服人员,则会通过我面前的评委名牌,在我报出楼号后,主动唱喏:你好,你是高老师吧,请问您有什么事情需要我们帮助?一下子就拉近了距离,感觉到客服部对你非常关注,是放在心上的。可能有人会说,这样做不是有点投机吗?我认为,机会对所有人都是平等的,关键在于我们怎样去把握它,在于既然它是有效的你怎么不这样沟通呢。

难道我们可以去说那个擦皮鞋的,别人都不这样擦,你为啥要这样呢?我们也许都知道,所谓优秀,就是把看似简单的事做得不简单,花了心思、费了工夫把别人视而不见或见到了不去做,甚至做了也没做好的事情做好而已。

如果我们每个人、每个岗位、每个环节、每个层面都把工作做得像那个擦鞋人一样优秀,就是与业主最好的沟通。这个沟通的作用,可比一千句、一万句的好话顶用多了。

开发商最喜欢听什么

我们都知道，要想真正搞好物业服务工作，尤其是前期服务离开开发商的支持是比较困难的。尤其是在前期介入和工程质保期内，以及延时工程遗留问题处理方面，我们更需要得到开发商的协助。

可是我经常听一些朋友讲，对于物管方面提出的一些合理建议，哪怕很有道理，开发商也不愿接受。和这个"大业主"打交道太难了！

我知道，相对于物业公司，很多开发商都比较"牛"。但是你一定要相信，再犟的牛，只要你牵住了它的牛鼻绳，事情也就好办了。关键还是在于沟通。

举个例子说明一下这个问题。

我在为某个项目做物业管理早期介入策划时，曾向开发商提出，客户现在最反感的是分区分户装水表。他们的消费心理是我用了多少水就应该交多少钱，因为管道、阀门渗漏，或者其他人偷水，而让我们来摊水费，的确让人想不通。为了能让客户下决心买房，最好搞成直供水。也就是由自来水厂直接把水供应到业主家中，这样房子一定好卖。开发商一听房子好卖，因为这是他们最喜欢听的，当即决定追加100多万元，要求水厂改分户供水为直供水。结果很多看房者听说后立即下单订房，开发商非常高兴。从那以后，他们还非常尊重我的其他建议。这里面当然也存在沟通的方法与技巧问题。

首先，我从一开始就知道，任何一家开发企业，建好了房子肯定都是为了卖，这个世界上绝不会有哪个开发商说："我修建了那么多房子就是为了自己住。"按市场经济的道理讲，不卖就不称其为商。在中国北方，过去把商人叫做"做买卖的"。商品好卖，是人和生意人的基本心理需求，开发商当然也不例外。所以，当我举起了"为了房子好卖"的旗帜，开发商当然会接受我的建议。

其次，是因为我曾经通过测算和多年的经验积累，知道一旦开发商设定为总分表制以后，一是各级总表与业主自家的入户表之间的差额，分摊时经

常会和业主搞得很不愉快；二是物业服务企业要花大量的人力进行预测预摊、预交水费、反复多次分户催收，有时还会产生死账或呆账。长此以往，这个成本会很大。但是，我绝不能这样对开发商讲。因为他会想，"你怎么能管你的成本有多大，这和我没有多大的直接关系"，因此，他没有利益驱动力。而一旦我讲到事关房子好不好卖，他可就要上心了。

所以，我的一些同事总是讲，我们和开发商沟通了半天都没用，怎么你一说他们就同意了呢？其实，窍门就在这里——关键是要找到了利益的切入点。

还有一回，我又去找开发商的负责人，是为了绿化问题。因为为了营造营销氛围，现在都流行先搞好环境，造一片绿地，尤其是先建一块草坪再说。为了保护草坪，往往还会竖几块标示牌，上面写着如"小草正在睡觉，请勿打扰"之类的提示语。

有的购房者问道："这些绿地属于我们业主吗？"回答是肯定的："当然属于全体业主！""那我们可以进去玩一会儿吗？"回答是否定的："不行。您没见牌子上写着：'小草正在睡觉嘛'"。又问（开玩笑地）：那小草什么时间睡醒呢？答曰（戏谑地）："它这一辈子怕是睡不醒了。"我就说："某总经理您看，这不有点像欺人之谈吗？我们能不能既保护草坪，又让业主走进去享受绿地呢？"办法就是在外面栽上一圈绿篱，里面修建一些通道，还可以建一些亭台水榭、藤架之类，让业主走近大自然，这多么人性化呀！该总经理一听就拍了板："对，咱不能忽悠人家，就照你说的这么办！"

事实上，我想的是绿化用水的费用开支是列在物管费中的。而在整个绿地中，草坪是最费水的。据测算，每平方米的草坪，在夏季最热时，平均每天要耗水约60升；而一个人只需要饮用2.5升水就足够了。通过由开发商增加绿篱等办法，草坪的实际面积大大减少了，也就意味着物管费的绝对值又多了一层保障。

我们在学习中国革命史的时候，老师经常会讲到举什么旗帜是革命的首要问题。中央红军长征途中若不是在诺尔盖会议上举出了"北上抗日"的旗帜，就很难有后来陕甘宁革命根据地的建立。所以，我们要想让别人接受一种观点，首先必须为别人的利益着想，说话、办事都能从别人的立场去思考，那就一定能够形成有效的沟通，事情就一定会办得很顺利。若我们一味只从自己的利益、观点、立场出发，那就不能形成双赢的局面，事情肯定也就难办许多。

广告用语值得借鉴

不论是口头语言、书面语言还是肢体语言，和业主沟通交流总是离不开语言的。从这个意义上讲，有些广告用语是值得我们学习的。比如，"有山就有路，有路就有××车"，它确实把中国人的心理抓住了。因为"有山就有路"、"车到山前必有路"这些都是中国人常用的老话，很容易打动人心。这条广告语还利用了暗示、联想、启发等心理学的技巧，甚至让人把自己的前程都和买不买这辆车连在了一起。简直"太有才"了！还有所谓脑白金的广告，也很有穿透力。我曾多次在课堂上当众做过实验：让学员们闭上眼睛，然后提问，送礼要送什么？不少人想也不想立即回答：脑白金。

我认为脑白金广告的制作确是用了脑的。它首先掌握了中国人习惯于大事小事都送礼，又从骨子里反感送礼的心理状态，先说"今年春节不收礼呀"，再要你"送礼只送脑白金呀"。好像只要送的是脑白金，就是理所应当的了。从逻辑上讲，有点排他性；从市场经济层面看，则具有很强的竞争性。而且，它打破了许多广告习惯用明星大腕儿的做法，只用了简约的动漫就产生了很强的视觉冲击力，让老幼皆知。

当然，优秀的广告俯拾皆是，您一定比我知道的多。

我今天讲这些的目的，是要说明我们与业主之间的沟通有很多方式，尤其在面向群体性时，诸如告示之类，所用的语言一定要言简意赅、利害相关，首先是视觉必须要有很强的吸引力，要能一下子打动对方，且一定要避免负面影响。

这里我又要举两个例子来印证。

一个例子是当物权法出台后，我曾要求各项目部结合实际进行宣传。可能是由于我交代不细，有的项目花了不少纸墨，把全文都张贴了出去，却几乎没有人去看——密密麻麻的，谁有那么多工夫去读啊。后来，我又让该项

目部重新制作,只把物权法中关于物业相邻权、噪音、污染、乱堆装修垃圾、违章建筑等业主最关注的条款,用大字制作成专版,让业主路过就能看见,结果效果很好。当有上述事情发生时,很多业主都不再说要物业公司负责了。

另一个例子是我们曾经而且现在还在办的两个培训班的事。公司办公室做了很漂亮的海报。上面写道:××公司将于×年×月×日开始举办少儿暑期游泳培训班;每人每期收费××元,欢迎参加等。我一看到就急了,赶紧下令取掉,重新制作。改为曾获市级金奖的××著名游泳教练,将在××小区举办××,收费××元,等等。虽然是同一件事情,但前后两个海报给人的感觉显然是不一样的。前面的会让业主感到这家物管公司就知道变着法收钱;后面的会让业主感到是著名教练在收钱,这个钱花得值。而且还相对规避了万一发生不测的企业风险,而企业的收益却没变。前面我曾讲过是两个培训班,另外一个是关于书法的,处理方式相同,不再赘述。

您看,上面这些例子对我们怎样和业主进行有效沟通,会不会有一点启示呢?

你和自己沟通过吗

这话说得似乎有点儿突兀：自己和自己本就一个人，还用得着沟通吗，怎么沟通呢？您先别急，请听我细细讲解。我们不是有个常用成语叫"自言自语"吗？这个"自言自语"实际上就是自我沟通。

我们每个人心中的自我，实际上有两个"我"。曾经的初中语文课本里有鲁迅的一篇文章，其中讲到车夫的身影越走越高大，几乎要榨出皮袍下的小"我"来。鲁迅的"我"中尚且还有个小"我"，何况我等一般人了。我们小时候读的《三字经》里就有"人之初，性本善"、"苟不教，性乃迁"的句子。实际上讲的就是人性的两重性。

我们做物业服务的，整天和各种各样的业主打交道，要说一点儿也不厌烦、没有心理压力，那是假的。因为这个世界上，最难最复杂的事情就是与人打交道。一般而言，每位物管人员大抵会经历几个心理发展阶段：初始阶段，有兴趣、有困惑；中间阶段，易产生疲倦感、易彷徨，既有坚持下去的信念，也极易产生退缩的想法；稳定阶段，对物业服务的特性有了比较深刻的认识，对各种纷繁复杂的事物有了较为透彻的了解，对职业的特点有了较全面的解悟，对处理各种问题尤其是疑难问题，具备了综合业务素质特别是很强的应对能力，甚至能在很多工作中寻找到成功的幸福感。在我们业内，不是有很多人在历经这三关后，成为企业的中高端管理人员吗？

在现代企业管理培训过程中，人们经常会提到的一句话叫"最大的困难是战胜自己"。我们从一些成功人士的自我介绍中可以发现，他们中的大多数人，在奋斗的过程中都有过两个自我沟通的经历。

再拿我们自己来说，可能为了某一件事情在和业主交往过程中受了委屈，甚至遭遇无理取闹，就会产生挫败感。心里就会想：大不了我不干这份工作，也不再受这个气了。但同时也可能会产生另外一种想法：这个世界上哪里没有矛盾呢，既然已经入职这个行业了，还是好好干下去吧，毕竟不讲道理的业主从总体上看只是少数。于是，就坚持了下来。不仅坚守了自己的意念，同时也坚守了自己今后的进步。成语中的"扪心自问"就是一种自我沟通的方式。

这里，我们还必须注意的是，物业管理人员是以为业主服务为天职的人，倘若自己的心态不好，一肚子的委屈，满脑子的怨气，甚至还积了半腔的无名火，这样能和业主做好沟通是不可能的。因此，我倒有一点建议，不知道合不合您的心意。

第一，我们每天用一点闲暇，反思一下工作中那些不顺心的事儿。把自己分成另外一个自我，再分成一个对方，然后反复换位答辩。这样就能很快从客观上认识到，今天的事哪些处理方法是对的，哪些处理方法是行不通的。再思考一些怎样改变当前的被动局面。过去一些老干部，经常把这种方法叫做"放电影"，就是每天晚上把白天干的工作、说过的话、做过的事，在睡觉前再在脑子里重放一遍。这样思考的结果，是使自己的沟通能力和应对能力得到大幅而快速的提升。

第二，我们应当延续在学校时温习功课的习惯。在有条件的情况下，比如一般是事先约好时间、地点的会谈，我们就应该先在心里把自己设想成对方，再从对方的角度出发，预先设定疑问，自己来解答这些问题。当这个自我沟通的过程实现以后，应当说下一步的工作已经完成了一大半。这就是自我沟通的又一个作用。

第三，采取自我客观调节法，这是一种比较有效的方式。尤其是在受了委屈以后。物业管理服务和其他任何服务工作是一样的，不可能不受一点委屈。这个世界上，从联合国的书长到各国领导人，都会受不同程度的委屈，咱们一介平民，又有什么委屈不能遭遇呢？再详解一下，所谓委屈，就是感到别人不理解自己。这就有名堂了：一是别人为什么会不理解；二是你自己在方法上是不是有什么问题；三是这件事情是否需要 个外部环境的发展过程；四是政策层面是否有什么缺失；等等。

因为我们每天面对的是各种各样的人，这是比什么技术活都难干的事。所以，我们必须保持良好的心态，就需要经常性地扪心自问，即自己进行一些有益的沟通。

沟通应当是全员的事

我们在讲到和业主沟通的时候，一般会把它只当成是客服中心的事，而往往忽略这也是其他部门、岗位的事，是全体员工的事。

就拿维修来说，并非是物业公司的技师上门，只负责给业主做好修缮就行，这里面仍然要重视沟通才行。首先，要让业主了解故障所在，还要告知业主维修方案。这个过程不沟通行吗？应该是不但要沟通，还要不限于本专业，进行多方面的沟通。

说实在话，有的家电产品尽管名声在外，其内在质量我实在不敢恭维，甚至使用后会产生一种上当的感觉。但是不得不承认，它的售后服务，还做得蛮像那么一回事：维修工上门前，会有客服中心给你打来电话，告诉你维修工大概在什么时间到；修完后会让你给出对本次工作的评价；还会顺带帮你把其他家电也检查一下；过一天客服中心还会打来电话，问你修好了没有，维修工态度如何；等等。这样做的结果是你有可能对产品本身有意见，但售后服务让你似乎忘却了不满，反而逢人就讲那个厂家的服务真好。

我们想一想看，现在一个稍微大一点的小区，动辄上千户人家，再大一点的恐怕会有好几千户。这么多的人要是仅凭物业经理一个人，或者客服中心那几个人与其进行沟通，那是很难做好的。再者，物业服务工作是一个完整的系统工程，分门别类的专业比较细，业主可能会在某一阶段主要对某一项工作反映出不同意见，所以就更需要我们全员开展与业主的沟通交流工作。况且，在全面质量管理的教科书中也明确提出，所谓全面质量管理，就是全员参加、全过程的以质量控制为中心的管理。

比如说我们的保洁员，虽然其本职工作就是做清洁，但我们总不能只是一个劲地低头干活，如业主从面前走过，甚至业主主动和我们打招呼也不去理他，恐怕是不行的。我在保洁现场观察了很久，发现了一个情况，有的保洁员在不打扰别人的情况下，乐于与业主交流，至少是运用了礼貌用语，他们很受业主欢迎；相反，那些见了业主完全不理会的保洁员，就不那么容易得到业主的认可。而一些优秀的保洁员，甚至可以经常对物业服务过程中的各种问题，而且不仅仅限于保洁方面的事，与业主主动交流，从而增加了业主对物业公司的信任度。我在工作中就曾遇到不少业主对我讲，不论春夏秋冬，你们的保洁员都那么辛苦，手都开裂了，工资还那么低，能否给增加一点薪酬啊？我就趁机讲了物管费太低的问题，引起了业主的同情，为调整物管费奠定了基础。

再比如说，我们的安防护卫员，无论是门岗，还是巡查，见到业主肯定都要以各种方式主动提供帮助，致敬问好，甚至家长里短的龙门阵也要摆上一摆才好。其实经过一段时间以后，业主和安防员之间是最容易建立信任关系的。我曾经了解到，有的业主不肯把物管费交给客服人员，但是安防员去收一点问题都没有。我们经常说要"动之以情、晓之以理"，在实际工作中，我们许多一线员工所做的工作，很大程度上都属于动之以情的性质。据我了解，我们不少家里很富裕的业主，在出远门时，都会放心地把钥匙交到安防员手里。

这里同时需要强调指出的是，虽然沟通是全员的事，但并非谁都可以任意去交流，毫无边际地让所有员工任意地与业主聊天，那也是容易出问题的。这种全员的交流与沟通，是必须要在事先进行系统培训的，因为这里面实际上也有一个应知应会的问题存在。说白了就是哪些该讲、哪些不该讲的起码知识要具备才行。比如，我就听说过安防员与业主之间的交流沟通逾越了应有的底线，引发了一些不应有的事端。

这里我还要引用一个很现实的案例，来说明一下全员沟通的另一个层面，员工之间、各专业之间互相沟通的重要性。

在我们所服务的一个高档别墅区，工程部的员工很快处理完业主诉求的问题，但没有及时向客户服务中心反馈这一信息。当客户服务中心过后主动询问业主问题是否已解决时，业主反而提出了意见：你们一点也不关心我们提出的问题，已经解决好几天了，你们还不知道，说明这几天你们都根本没有过问我的事！结果是及时处理了的事还引起业主不满，这说起来好像挺冤枉，其实在很大程度上是因为我们自己的部门之间彼此缺乏沟通造成的。这不也说明全员沟通的另一个层面的重要性吗？

总之，全员沟通的好处在于，它可以把物业公司集体的能量充分地发挥出来。常言道："孤掌难鸣"、"一把钥匙开一把锁"，说的就是这个道理。大家可能都读过《水浒传》，要动员一个人上山，还必须得某一个人出面才行，换另外一个人就绝对不行，换了李逵就更不行了。

可见，全员参与沟通与交流是一件多么重要的事！

可别忘了这个法宝

中国共产党在总结自己的历史经验时，曾经把建立革命的统一战线定为"三大法宝"之一。统战工作至今仍然是中国共产党与国内 30 多个民主党派肝胆相照、密切合作的重要纽带，更是目前海峡两岸之间政治、经济关系的桥梁。

遥想当年，毛泽东深入虎穴，直面强敌，还不忘亲自开展深入细致的统战工作，让蒋介石在内地的统治灰飞烟灭。统战是可以赚得天下的！

我们做物业管理服务的，要面对各种各样的人，不学习做一点统战工作不是太可惜了？尽管我们没有也不可能会有为天下的政治宏图，但是我们不要忽略，小道理总是寓于大道理之中的。做物业管理虽然是小事，但"如烹小鲜"的道理是相通的。

不要怕对立——按照辩证法的原则，一切事物都是对立统一的；对立着的事物往往会走到它的反面，即形成统一。就像《三国演义》开篇那句著名的断语："天下大事，合久必分，分久必合"。对于处于对立面的业主，我们一定要像当年毛泽东那样，既有"望长城内外"的博大胸襟，又要有"待其变"的耐心。

敢于做工作——有的从业人员，似乎一朝被蛇咬，十年怕井绳。这种心态不好。一定要有敢于碰硬的雄心和胆量。当然，这绝不是让谁去吵架、打架的"雄起"，而是一种面对困难工作的态度而已。再说白了就是要敢于去沟通。总是一味回避，问题更会积重难返。

善于做工作——对于我们物业管理服务人员来说，仅仅敢于做工作是不够的，还必须要善于做工作才行。当然，善于做工作绝不是说一说那么简单，它需要积累大量的实践经验，甚至还要碰过许多钉子，才能达到较为理想的程度。但是，有一个最基本的东西，那就是要学会做统战工作。

首先,我们必须清楚地认识到,这个世界是由各色人等组成的。要使大家对某个问题的看法能够相对集中一些,就必须要做很多工作,尤其是要把大家的利益共同点找出来。在中国近代历史上,国共两党之间曾经有过两次合作,共产党在其间做了大量的统战工作,而且是非常成功的,历史已经证明中国共产党人是非常善于工作的。主要表现在以下两点:

其一,要虚怀若谷,听得进别人的意见。当时那些民主党派人士,说什么话的都有,还有敌对党派的挑拨离间,但以毛泽东为首的中国共产党人,表现出了气吞山河的博大胸怀,海纳百川,让不少民主党派人士产生了士遇知己的感受。

其二,要找准最基本的共同目标切入点。当时的中国,新民主主义革命深得人心,由于当时社会是"茫茫九派流中国",要建设统一的、民主的新中国,不找到一个大家都认同的共同目标是绝对不行的。在这种情况下,中国共产党人并没有激进地马上进行社会主义革命,而是选择了一个过渡时期,非常英明地解决了国家转型问题,连斯大林都非常佩服。

我们物业管理公司和业主之间,并非阶级之间的敌对利益相争,肯定和业主之间有着不可分割的共同利益,难道还不应当形成统一战线吗?

现在我们有很多物业企业是做得很不错的。举个例子说吧,我们一些企业年终都要搞团拜会,在这种场合下,有的物业公司主动邀约业主代表、业委会的成员参加,那效果是大不一样的。因为单独召开业主参加的座谈会,好像是一种面对面的感觉;而让业主代表参加企业的活动,他会有一种一家人的感觉,那可是大不一样的!从我了解的情况看,凡是参加了物业企业团拜会的业主,都成了物业公司的好朋友,甚至主动为物业企业献计献策,简直成了一家人。

又比如,我曾经受邀参加过欧派的地区年会,为感谢他们的盛情,我提了一条建议,因为即便对于已经买了其他橱柜的人,在也想换成欧派的产品时,却解决不了拆除旧橱柜的问题。而这恰恰在一定程度上限制了产品的市场。如果在这方面开出一条路子,效果一定不错。后来他们果真采用了我的建议,而且取得了新的拓展。

我们如果和业主之间建立起良好的统一战线,一定会取得相应的经济效益和社会效益。

感谢投诉我们的人

看到这个题目,我相信不少业内的朋友会笑道:"干我们这一行的,最反感也是最害怕的,恐怕就是业主的投诉了,怎么还要感谢他们呢?"

从表面现象来看,业主之所以要投诉,在一定层面、一定范围内,总是因为我们服务产品的某一环节出了问题,或存在着不足;再就是因为与我们相关的产品链条出现了问题。尽管业主心里明白不是我们的直接责任,但希望能通过对我们的诉求,达到解决问题的目的,这也是可以理解的。若换位思考,假如我们是业主,在遇到相关问题时,难道就不会这样想吗?我本人就遇到过本身正在从事物管工作的业主,他们诉求的问题,可比其他业主要"刁"得多。想必大家也遇到过类似情况吧!

对业主的投诉,保利物业的钟新伟说得好——这正是业主对我们还有信任感,相信通过投诉,我们会帮助他们把问题解决掉。不管问题存在于哪一方,责任是谁的,如果业主根本就不相信我们会想尽一切办法,帮他解决问题,不管解决的程度如何,他就用不着投诉我们了。他就干脆拒交物管费,或者走其他渠道了。业主对我们有信心,这一点非常重要。就好比人民对一个国家的执政党和政府一样,只要有坚定的信念,任何天灾人祸都能战胜。再者说,业主的投诉,只能对我们提高服务品质有好处,好比照镜子发现了我们脸上的灰尘一样。

钟新伟很年轻,可说起事来竟很有些辩证法的味道,让我很佩服。他的这番话,让我想起了多年前看到的《日本松下幸之助》的故事。

松下在产品质量管理方面的严格是著称于世的。他们的一句名言是,有意见的客户,是对松下最有贡献的客户。另一句叫得很响的话是:让客户在享受松下的产品服务时,充满愉快和对未来的美好希望。

我认为,这恰恰应当成为我们物业服务工作者的一种理想目标,一种精神境界。而且,我还认为它是通过我们的辛勤、细致的劳动和工作,完全可以做到的事情。

为什么我们的一些从业人员会不同程度地反感业主的投诉呢？究其原因，恐怕首先是在主观上，就把投诉当成是一种对立，这种思维定式把我们自己束缚起来了；其次就还是一个服务意识问题了。也可能是由于我们多年来一直讲物业管理，似乎形成了对业主也是管理而不是服务的潜意识。

我自己在接到业主的投诉时，不论对问题谈得怎么样，都要向对方表示感谢，感谢其对企业的帮助。即使对方的问题很出格。

这应当也是一种有效沟通的办法吧！

现在已经有不少物业公司在主动寻找业主的投诉。比如保利物业，他们的一线公司每个月都要电话询问业主的意见，还有保利总部的电话或者隐性调查，第三方的调查等，目的就是寻找业主的真实意见和投诉。他们的这个规定的确很起作用。

举个例子说吧，保利在广州的一个项目，在公司电话调查时，有一位业主说了对一件事不太满意。总部就降低了对这个项目的考评分值。这个项目经理一听说非常着急，马上主动与这位业主联系，寻求整改意见。这位业主反而乐了，说："我只说了有那么一点点小事，你们还这么重视，都怪我没有说清楚。"

你看，似这样寻求投诉，反而寻找到朋友了。

我要顺便在这里说一下，保利物业在对待业主投诉方面，是下了大工夫的，他们除花重金请了"零点"等知名公司专门进行第三方调查外，公司内部每月对业主投诉的评价也是做得非常认真的，我们在这里不妨提供他的某项对待业主投诉进行分析的案例供大家参考。

一、××××年度上半年业主诉求分析

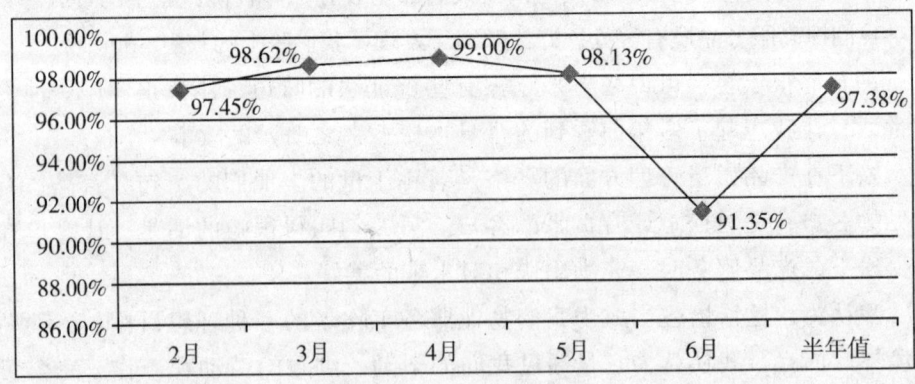

总体保持在较高水平,上半年公司满意率为97.38%,但6月之前的电话满意率调查在"取样"、"业主意见收集评分标准"两大环节存在问题,导致数据虚高。

二、不满意投诉项环比分析

序号	类别	2月		3月		4月		5月		6月	
		数量	比例	数量	比例	数量	比例	数量	比例	数量	比例
1	客服	50	23.81%	28	18.92%	23	20.72%	14	8.75%	32	14.41%
2	工程	65	30.95%	37	25.00%	30	27.03%	47	29.38%	57	25.68%
3	安防	45	21.43%	45	30.41%	25	22.52%	49	30.63%	67	30.18%
4	环境	50	23.81%	38	25.68%	33	29.73%	50	31.25%	66	29.73%
	总计	210	100.00%	148	100.00%	111	100.00%	160	100.00%	222	100.00%

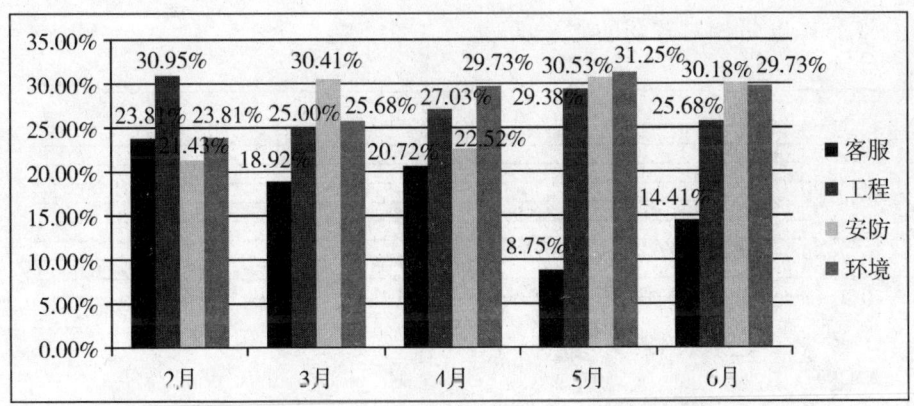

从各服务板块所占不满意项比例来看:客服类占不满意项比例最小,其他三类比例基本持平。

这说明,我们的服务水平普遍不高,均不同程度存在服务瑕疵。这要求我们必须全面提升服务水平,才能达到业主的预期。

怎样与业主有效沟通　　　　54

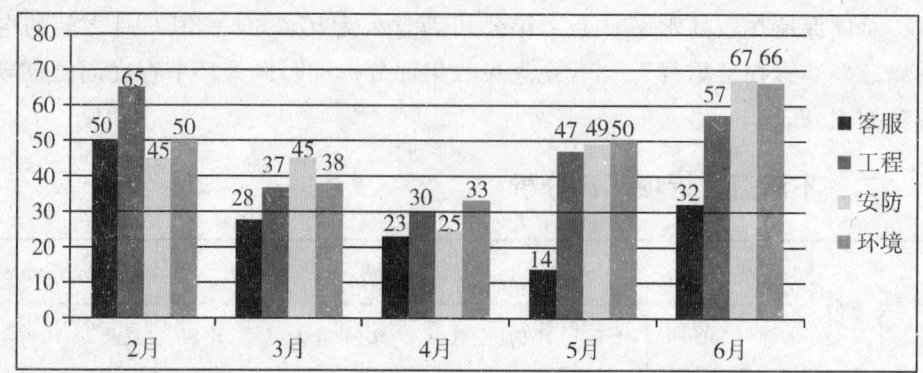

从各服务板块每月不满意项数量分析：2月之后呈下降趋势到4月的时候为最低值，从5月开始不满意项又逐步回升，6月为最高值。

这说明我们的服务质量在2月之后有所提升，而从5月开始又有所下滑，整体趋势呈下抛物线，没能将上升的趋势保持。

三、分项环比分析

1. 客服类

从不满意项分布来看：员工整体服务态度、客户报事回访、客户报事跟进三方面是客服工作中最大的短板；其次，客服报事接待专业水平、其他、接待工作态度是相对较弱的服务项。

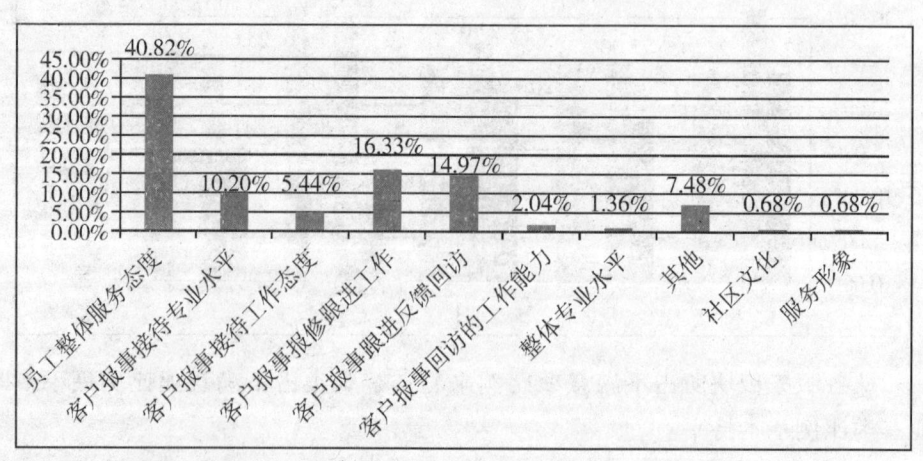

2. 工程类不满意项环比分析

从不满意项分布趋势来看：电梯、门禁智能化、公共照明是我们工程服务中最大的短板；其次是维修响应程度、园区道路、维修速度。公共设施设备、漏水等都存在不同程度的不满，工程服务涉及面广，跟业主的生活密切相关，因此我们可看出工程类服务普遍质量不高，需要整体提升。

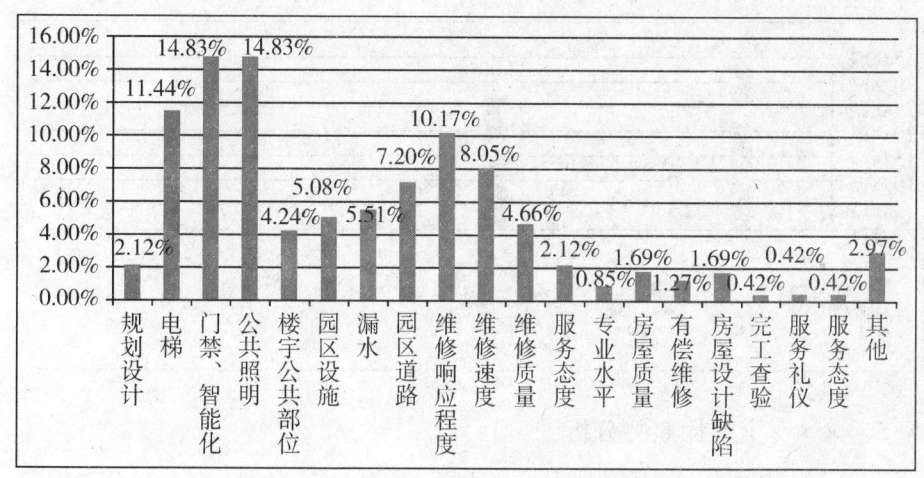

3. 安防类不满意项环比分析

从不满意项分布比例来看：外来人员管理远远高于其他的安防服务，是安防问题中的老大难问题；其次是服务态度、整体安全感、巡逻频次、停放秩序等。

安防服务是业主非常重视的服务工作，封闭园区的管理不严格，导致业主不满，整体安全感的缺失。

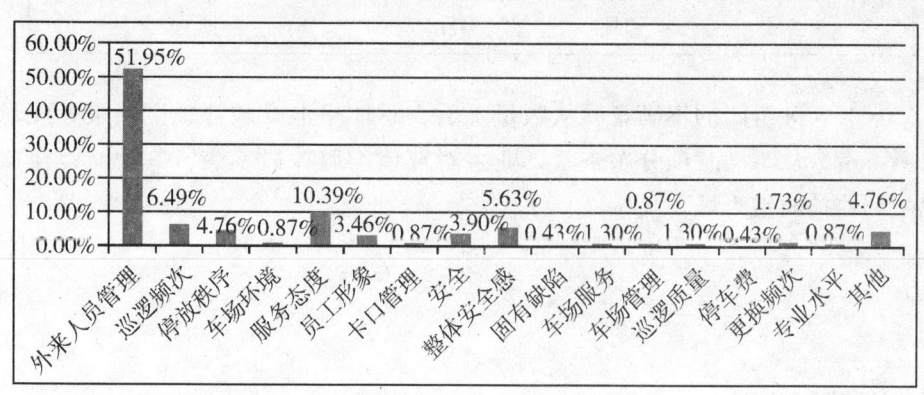

4. 环境类不满意项环比分析

从不满意项分布比例来看：首先，楼层卫生、养护质量是环境类服务中的短板，业主意见最大；其次是园区卫生、电梯卫生、绿化规划设计。

绿化和环境公司均实行的外包制度，各服务中心必须严格按照外包管理规程和服务标准要求外包公司，进行每月的考核。

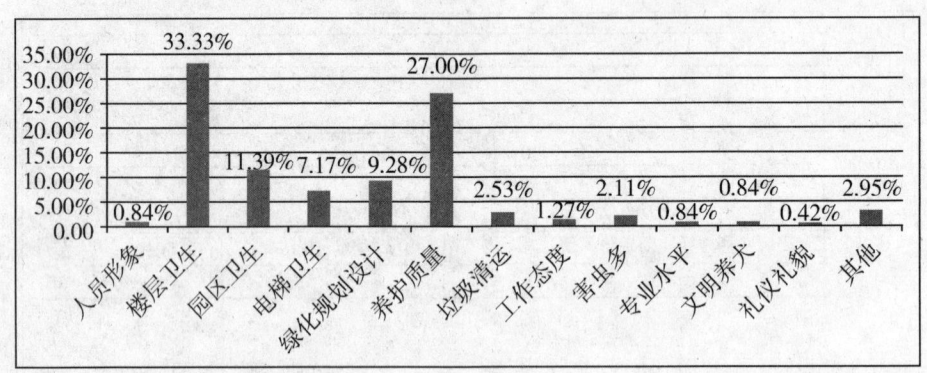

5. ××××组团趋势分析

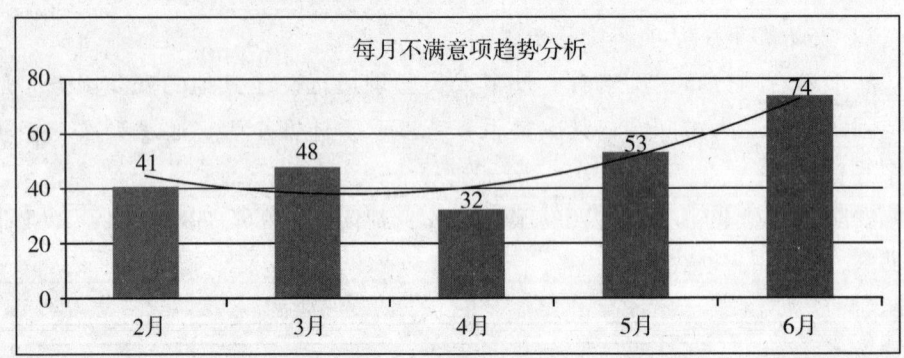

××××组团的不满意项从数量上看，总体呈上升趋势，说明服务质量有所下滑，从不满意项分布来看，业主对环境类服务最不满，其中又以楼层卫生和养护质量为最。

有意思的业主互助组

业主互助组是我在香港考察的收获。比如，前面提到过的那个兆康苑。每一栋楼房底层转角处，都有很大而且很清晰的招贴，上面写着："业主互助组"。于是，我问香港的朋友，"这是怎么回事呢？"

她回答说，比如哪一家的水龙头坏了，只要告诉互助组，就会有懂这一行的业主主动上门帮忙修理。我说，既然交了物管费，就应当找物业公司的人来修呀，为什么还要业主之间互相帮忙呢？"这你就不懂了，香港就提倡这样的人际关系！谁家有事互相帮忙，平时还找不到这样的机会呢！"她说，在香港金融危机时，一个岗位有100多人争取，这些平时就肯帮助别人的人，就业机会相对而言要多得多。的确如此，我在香港也曾听说那个小区住了很多公司的老板，通过互助组他们会发现那些会干活、肯干活的人。

我想，这样的方式在内地一定行不通。结果我又犯了主观主义的错误。

我曾经在公司里组建了党组织和武装部，本意是要加强员工队伍建设。但我没有想到，一些党员或者复转军人的业主纷纷要求加入进来。有的复转军人还申请把他的孩子编入民兵预备役队伍，以让其得到锻炼。产生这种现象的原因在于这些加入组织的业主，已经不是原来单纯意义上的业主了，他必须承担另外的责任和义务，即完成组织交给的任务，并以此为荣。比如化解业主与业主之间的矛盾，解释其他业主对物管工作的误解，等等，他们出面比物业管理人员直接出面要好得多。

香港的业主互助组给我的启发是，一定要促成业主之间的互相沟通，这件事做好了，可以达到事半功倍的效果。

前些年很多内地物业企业也都开展了业主交流活动，但我认为，不少活动是企业花了不少钱，效果却并不是那么好。一是过于表面化，热衷于轰动性，缺少实质性的东西。比如说，动辄就是请钢琴家来演奏，虽然花了不少

钱，很多业主却说没听懂弹的是啥玩意儿。按照毛泽东同志的说法，这叫没照顾好阳春白雪和下里巴人的关系，尽管是高山流水，却几乎没遇到知音；二是过于功利化，为了讨好业主，甚至不惜代价，组织一些大型旅游活动，结果误导了不少业主，到了一定时候，好像不组织出去旅游就不对头，甚至会把这件事当成意见来提了。这叫旅游成惯性，刹不住车了。按照俗语的说法，这叫把调调吹歪了。

　　但是，我们也应当看到，任何事物都有它的两面性。当我们和业主群体关系比较融洽的时候，适当地组织一些有利于业主之间互相沟通的活动，于我们是非常有利的。业主之间老死不相往来，在正常情况下，对我们的管理并没有好处。比如，我所知道的一个高档小区，由于业主之间彼此不认识，以至于小偷在单元里公开破开业主的防盗门，对面的业主居然还以为是这家在换门！当然，还有另外一个原因是这些小偷很狡猾，他们统一着装，还佩戴着工号牌，让人误以为是防盗门厂家的专业人员。这个案例说明了业主之间缺少沟通交流的坏处。相反，业主之间的相互沟通，弄得不好可能就会成为引发深层次矛盾的导火线。所谓"水可载舟，亦可覆舟"。

　　我自己也办过不少业主集体活动，诸如书法比赛、器乐演奏、小型运动会等，还借助赞助方搞过许多活动，既加深了业主之间的了解，又省钱。

　　但是，对比香港的业主互助那种交往，我认为那才是动真格的。

　　毛泽东同志曾经说过，共产党人不是包打天下的英雄，我们只是人民群众的组织者和领导者。要真正搞好物业小区建设，没有业主的力量是不行的，而要形成这种规范的集体力量，就必须首先把业主之间的交流沟通活动有效地开展起来。

　　有人一定会说，业主互助组的方式在内地一定行不通。我认为不一定行不通。"事在人为"、"有志者事竟成"。难道你没看到志愿者队伍一天比一天壮大吗？在物质生活一天比一天好的大形势下，人们的道德水准也一天比一天高起来。

　　不管你信不信，反正我相信，终有一天，内地的很多物业小区里，一定会出现很多的类似于香港业主互助组的业主组织。因为，为别人提供帮助的人，才是世界上最幸福的人。我们积极为业主之间的正常沟通交流搭建平台，正是为了大家都能找到真正的幸福。

　　赠人玫瑰，手有余香。我们应该按照党的"十八大"提出的建设生态文明的要求，大力倡导业主之间的互助行为，在社区形成文明生态。

重视网络的沟通作用

当今社会,网络已经成为人们工作生活中不可或缺的基本技术手段。比如在一个小区里,过去人们之间的交往,需要见面才能进行。而现在,人们在家里,在办公室里,足不出户,甚至彼此之间并不认识,都可以通过网络进行广泛交流。据我所知,在不少物业小区,很多业主自发地建立了一些QQ群,凡事多会在网上聊一聊,自然而然就形成了很大的平台,其影响力和号召力非同凡响,大有一呼百应的效果。业内不少朋友讲起来,都对业主网络平台有几分惧慑。其实我们应当看到,任何科学技术的应用,都应当是为人类社会进步服务的,它的属性就是谁利用它,它就为谁服务。从这一点看,物业服务企业不但不应该怕它,反而要更好地利用它。

现在,包括各级党政干部,都要到各级党校接受"微博"课程培训。因为不仅仅是业主,很多老百姓反映的方方面面的事,都会在网络上展现出来的。

有的业主朋友对我说,与其让业主各自为政,还不如物业公司设立一个公众网络平台,以方便业主提出意见和建议。我认为很有道理。大禹治水的办法就是疏通而不是堵塞。须知科技进步的力量是堵不住的。

这里还涉及我们与业主沟通交流的方式转变问题,时代进步了,我们的思维方式、工作方式也要转变才行。"条条道路通罗马",在与业主的沟通方式上,我们也要与时俱进、开启言路才行。一味地防、堵都是自绝其路。

我所在的小区,开始的时候,业主自发地在网上随意地发表各种议论,大有攻其一点,不顾其余的阵势,似乎要把物业公司扫地出门。后来物业公司也参与了进来,在网上说明了很多大家有疑惑的问题,结果很快就风平浪静了。

有的物业公司,很早就开通了全国联网的免费投诉电话,让业主无论在

哪里，都可以很方便地提出诉求，及早解决了可能发生的各种矛盾，实现了有效疏导。现在广州不少物业公司都开展了"飞信"业务，把各种相关信息，如穿衣指数、户内防火小贴士、小区活动态势、股市动态、对老人小孩的季节变换关照、车辆保养常识等，以物业公司的名义发布信息，让业主感到非常温暖，很有人情味。

  这里我还想提及一个社会资源利用的问题。保利重庆物业管理公司有一个高档楼盘，叫做"国宾上院"。这个项目部和重庆市的信息产业办公室、有线电视台共同研发并已经用于实践的信息发布平台效果很好，完全可以说是今后一段时间里，全中国的城镇都必然要应用的。它简直太方便了，只要业主把电视机一打开，首先出现在屏幕上的，就是物业信息、交通状况（包括每分钟实际变化的航班到离港时间、市区各条道路通畅情况）、各家餐饮菜品及目前订座情况、各大医院非常具体的情况等，几乎涵盖了业主生活的方方面面。我做了一个现场试验，只是随机输入了一位工作人员的车牌号，屏幕上立即出现了这辆车的驾驶证号码，并显示出了违章次数，连在什么地点、什么时间违章这些信息都可以查询到。尤其是物业服务中的各种信息一目了然，业主与物业管理人员通过电视机就可以直接交流。这是多么好的事啊！

  总而言之，切莫忽视网络平台的重要作用！

幽默诙谐是调味剂

我们可别忘记，日常生活中的很多美食，都离不开必要的调味剂。就像吃三文鱼，离开了芥末和酱油，可能就不是那个味道了。

同理，我们在和业主进行交流和沟通时，是要通过语言来完成的，而语言不但是有属性的，而且是有味道的。比方说，我们有时在电影中会听到首长对下级说，你这个话里的火药味儿还挺浓啊！——这不就是指语言中的味道吗？

我们在和业主的接触过程中，无论什么事，最好都要避免板着面孔说话。毛泽东曾非常憎恶地把干瘪的语言比喻为上海滩的"小瘪三"。

特别是当有人为了某件小事而心里不平衡，向我们提出问题时，采用诙谐幽默的语言方式与其交流，往往能取得意想不到的效果。比如，有个业主对我讲，他家里装修，基本没有打墙，却和打了很多墙的人家一样交了除渣费，心里很想不通。我就开玩笑似的讲："您要是实在想不通，干脆就拿一面可以打的墙来打着玩，完事再修起来就得了。"他一下子就笑起来了说："你可真够逗的，我那是干吗呀，算了吧，咱不说这事了。"我接着又给他讲了社会中一般通用的均衡论，比如你去坐飞机，可以免费携带20千克以内的物品。但若没有物品可带，即乘客自己放弃了权利，机场绝不会因为你不托运行李而降低机票收费标准；再如乘坐无人售票公交车，上车就要投币1元，坐到底也是这么多钱，只坐一站也是这么多钱。绝不会因为你只坐了一站，驾驶员会退给你九毛吧！最后，这位业主高高兴兴地走了。

记得有一次，有一位当大学教师的业主对我诉求：楼上的业主家里一炒菜，味道儿就钻进她的家里，让人很烦躁。我先对她讲，食物都讲究色香味三要素。你没花钱，就把人家的味道儿吸过来了，太占便宜啦！她一下子就笑了起来：你真幽默。随后我又帮她查看了厨房吊顶上的装修是否有排风扇的止回阀，最后才发现是建筑商把楼顶上的烟道做矮了，低于了女儿墙。风一吹就产生了倒灌，所以楼上的油烟味儿就弥漫下来了。把楼顶上的烟道加高到1.8米以上，一下子就没味了。这件事儿就这样平和地处理了。

还有一次，一位业主家里临街的塑钢窗窗扇，不早不晚，恰好在全国人民都看春晚的时候，从十二楼掉到了街面上。当时幸好无行人在下面，因为底层是商铺，平时底下人来人往，熙熙攘攘。重庆的春节期间，夜晚温度很低，这个业主十分焦急，给我打了应急电话。为了平抚她的情绪，我先笑着说："您怎么不看春晚擦玻璃呀？"还要那么大的劲儿干什么？她也笑了说："我咋会这个时候擦窗户嘛！"它自己垮掉下去啦！她乐了，我们派去帮她封墙窗户，暂时应急解决的人也到了，这个业主每次见到我都笑眯眯地说，高总真好耍，什么事儿都让人乐呵呵的。

想必这就是幽默的作用吧！

难道就是"祝您节日快乐"吗

按物业行业的老规矩，逢年过节总要张灯结彩挂标语，向业主表示祝贺。这本来是很正常的工作，无可厚非。但问题在于很多物业公司，可能为了降低成本，不论什么节日，千篇一律、千人一面地挂上"祝您（或全体业主）节日快乐"就完事，也不论走到哪个小区，一看到这个标语，就让人感到似曾相识却毫无亲切感，反而让人有一种"被应付"的感觉。

按说这好像也没什么错，可是若从我们经常讲到的精细化服务、把品质做到家的角度来说，可就有些欠缺了。仅拿"节日"这个词的词意来讲，它就包括了所有约定俗成的节气和纪念日。而在现实生活中我们知道，有些节日比如清明节，是不能用"快乐"这个词去表示祝贺的。因为这个节日具有特定的含义，是专为纪念已经过世的先辈和亲人的日子，按

照不少地方的习俗，人们还要烧纸焚香、顶礼膜拜，以祭奠逝者。在这种情况下，是绝对忌用"快乐"一词的。

一定会有性急的朋友要问了，那你说该怎么办呢！我说，只要你真的想到了精细化服务，一切就好办了。我们不妨先把各种节日开列一个清单出来，从元旦开始，依次下排，一直排到年底。再根据这些节日的特性，然后把我们物业服务的针对性融会贯通进去，就一定会创造出各有特色、生动活泼、贴近业主、寓意其中的标语来。另外，请你记住，别看活儿小，这也算得上是创造性的劳动哟！同时，我们也还真别小看了一幅标语的作用，搞得

好的话，它还真能起到"随风潜入夜，润物细无声"的功效呢！在中国共产党的斗争史上，各种各样的标语口号，真还是让国民党反动派闻风丧胆。这正说明了一条好的标语，团结一切可以团结的人们，凝聚起巨大的力量，形成一股泰山压顶、摧枯拉朽的正气。而这正是我们和全体业主所需要的。

为了结合物业服务的实际，研究节日标语的应用实践，我自己就曾拟写了一些，不妨在此抛砖引玉。

元旦（公历1月1日）——祝愿您合家新年新气象；愿我们的家园"新欣向荣"。（应为"欣欣向荣"，有意写为这个"新"）

春节（农历正月初一）——祝您新春吉祥，万事如意；我们给您拜年啦！

元宵节（农历正月初五）——让我们把每一天的生活过得圆圆满满。

情人节（公历2月14日）——愿天下有情人终成眷属。

学雷锋纪念日（公历3月5日）——雷锋就在我们自己心里。

妇女节（公历3月8日）——妇女是中华文明的摇篮。

植树节（公历3月12日）——为了我们的生存，请爱惜绿叶。

国际警察日（公历3月14日）——向人民警察致敬，你们辛苦了！

消费者权益日（公历3月15日）——维护业主合法权益是我们的义务。

清明节（农历三月初三）——文明祭祀，确保平安。

世界卫生日（公历4月7日）——您的健康长寿，是我们最大的期盼。

世界地球日（公历4月22日）——爱护您的家园，就是爱护地球。

劳动节（公历5月1日）——尊重劳动，尊重劳动者，就是尊重自己。

青年节（公历5月4日）——青年是文明进步的主力军。

母亲节（公历5月的第2个周日）——向我们伟大的母亲们敬礼。

护士节（公历5月12日）——向圣洁的白衣天使——护士致敬。

无烟日（公历5月31日）——为了您和家人幸福，敬请告别香烟；吸烟有害健康，吸烟有碍安全。

儿童节（公历6月1日）——愿中华文明的未来栋梁茁壮成长。

国际环境日（公历6月5日）——爱护环境就是爱护我们自己。

父亲节（公历6月的第三个周日）——父亲是家庭和社会文明的脊梁。

中国共产党成立纪念日（公历7月1日）——共产党员是社区文明建设的先锋与楷模。

建军节（公历8月1日）——向新时代最可爱的人致敬。

新闻工作者日（公历 9 月 8 日）——新闻工作者，你们辛苦了。

教师节（公历 9 月 10 日）——教师是人类文明进步的阶梯；感谢您，我们敬爱的老师。

国庆节（公历 10 月 1 日）——祖国繁荣，家园兴旺，人人幸福。

中秋节（农历八月十五日）——愿全体业主万事如意，一切圆满。

重阳节（农历九月初九）——敬老尽孝，是中华民族的美德。

感恩节（公历11月第四个周四）——感谢所有为我们的幸福生活服务的人。

防治艾滋病日（公历12月1日）——让爱情滋润我们，让艾滋远离我们。

志愿者日（公历12月5日）——人人都当志愿者，天天生活都快乐。

圣诞节（公历12月25日）——人人平安是我们最大的心愿。

面临危机时的沟通

一般而言，无论企业大小强弱，在它的发展过程中，都会遇到来之外部或内部、程度不同的危机。危机的出现是一种客观规律，它是不以人们的主观意志为转移的。过去人们一说到危机就害怕，现在经历多了，反而认识到，危机恰好是挑战与机遇，是磨炼企业、培养人才的好机会。可以说，中国共产党要没有第一次大革命失败后巨大危机的出现，还有以后很多次革命转折关头危机与机遇的出现，使得中国共产党人一天比一天成熟，而且磨炼出一大批后来治理国家的精英人才，也就不会有中华人民共和国的今天。

作为整天和业主个人、业主群体乃至业主委员会打交道的物业服务企业，怎么可能没有任何危机现象的发生呢？问题的关键在于要正确认识和对待危机，并抓住核心矛盾，把危机转变为机遇。比如近些年，我们中国政府在面临东南亚金融风暴，面临由美国次贷危机的巨大风险时作出的正确决策，就是我们国家避免了旋涡中心，甚至还迎来了上扬的机遇，使我国一跃成为仅次于美国的世界第二大经济体。

话说回来，当物业服务企业遇到危机时，我们怎样把它变成与广大业主进行更广、更深层次的交流与沟通的机会和机遇，这才是考验我们的关键。

再说回来，物业公司会遇到的危机主要表现在哪些方面呢？从我本人多年的实践来看，应当是以下几个突出的方面：一是大量的开发建设遗留工程质量问题，其中包括使用功能障碍等；二是业主委员会中的一些人有意制造出来的一些矛盾；三是由于物管费调整引发业主不满所致；四是由于我们提供的服务的确不到位引发的矛盾激化；五是在市场竞争中，我们的确由于自身实力不够或其他多种因素导致的危机。一般而言，这些危机的主要表现形式为业主群体的集体"闹事"。

在这种情况下，往往是很多业主不明就里，甚至有的人是跟着瞎起哄。

我们就有责任和义务，采用各种有效的形式，先把大多数业主的情绪稳定下来，再由业主选派出他们可以信任的人担任代表，然后在一定的环境中坐下来协商。而绝不能采取退避三舍的态度。我自己在担任企业总经理，或为某家企业做顾问时，一遇这种事情，就会立即赶到现场，和这些业主交谈，设身处地的了解他们提出的问题和想法，缓解他们的情绪。记得有一次大概两三百个业主对前后两个阶段因公用设施维修金的政策差异而"闹事儿"的时候，恰好现场摆有一架钢琴，我就去弹了起来。结果这些业主中也有人闻声而来，也弹了起来。我就大胆地邀请一些女士，"这么美好的钢琴伴奏，我们不妨来跳几曲吧！"结果，不少人在那个场合居然翩翩起舞，因为我知道，会跳舞的人都是有"瘾"的，看到别人跳，就会不自觉地手舞足蹈。结果，当开发商的代表、政府主管部门的代表都来了，与业主代表进行磋商的时候，气氛就大不一样了，那种对峙变成了相互间的理解。

万科宣传栏的启示

最近,我有幸到广州的一些楼盘考察学习,收获不小。其中,在宣传栏的制作方式、宣传内容方面,万科的四季花园给我留下了特别深刻的印象。

我们都知道,人与人之间的沟通是要通过话语来表达和实现的。宣传栏就是一种语言的表达方式,它总的说来属于文字语言类。我们还知道,你要通过语言与别人沟通,首先必须引起别人的注意才行。你说你的,别人根本就没在意,这样的沟通肯定是没有任何效果的。那么怎样才能引起别人的注意,也就是我们平常所说的要怎样吸引别人的眼球呢?万科物业在这方面给我们做了很好的示范。他们的宣传栏有以下特色:一是在形式上非常活跃,绝不是我们平常很多时候见惯的那种方方正正的"八股脸",而是形态各异、图文并茂、色彩绚丽,甚至很卡通的版式,在小区优美环境的衬托下,格外亮丽,路过这里的人,很自然地就被吸引过去了;二是在内容上,非常贴近业主的日常生活。比如说吧,谁没有谈过恋爱?谁家里没有过孕妇?大多数人谁家里没有小孩、老人?万科物业的人性化服务不是说教,它就体现在对业主中各种人群的具体关爱上。也可以说,万科把业主中男女老少的心都抓住了。难怪我们在这里随意遇见的业主,都说万科的服务的确好。

对比和反思一下我自己曾经办过的那些宣传栏,当时还有想法:费了不少力气,也没有几个业主真的去仔细看一下,甚至还抱怨过业主的素质不高。现在看来,真正素质不高的恰恰是我自己!

宣传栏既然是非常重要的沟通交流工具,那我们为什么不能让它生动活泼一些,为什么不可以让它艺术化一些呢?就好比一个作家写了一本书,没有人愿意看,这难道应该抱怨读者吗?

从万科的宣传栏,我又联想到广州其他一些小区。现在人们的生活水平日益提高,养宠物特别是养狗的人多了起来。可是别忘了,还是有不少人不喜欢狗。物业公司恐怕都有处理业主之间因为狗的问题而引发纠纷的经历，而且这种问题处理起来特别烦人。但在保利物业的心语花园，那里的街道社区组织在小区里办的专栏，专门谈到了怎样养狗、怎样遛放、怎样防止伤人、怎样处理粪便的相关规定。由街道组织出面来讲这些事情，比物业公司出面讲有分量多了，起的作用也大得多。这也是专栏的公众沟通作用。这样一来，物业公司面临的相关矛盾就少得多了。

万科四季花园的分类垃圾桶

万科四季花园的宣传栏，很活跃，很生动，也很卡通，能吸引人

万科宣传栏的启示

万科四季花园的宣传栏也讲爱情，很贴近生活，很吸引眼球

万科物四季花园的孕期知识宣传

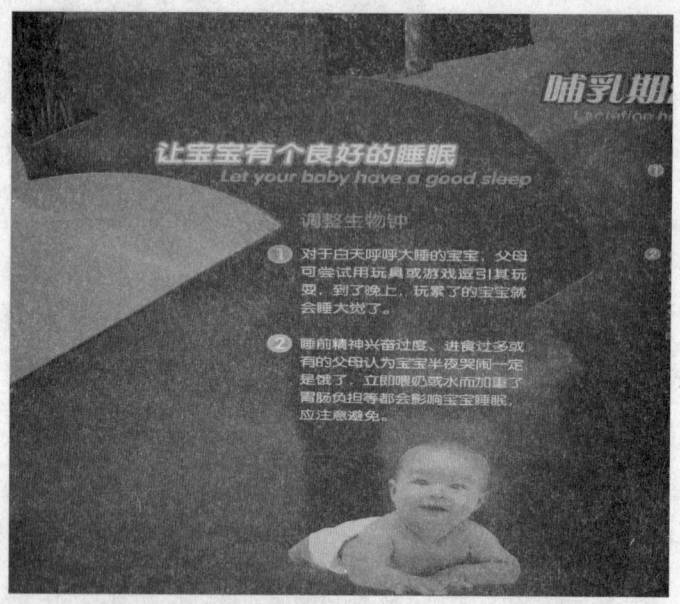

怎么照料宝宝，万科人也为业主想到了

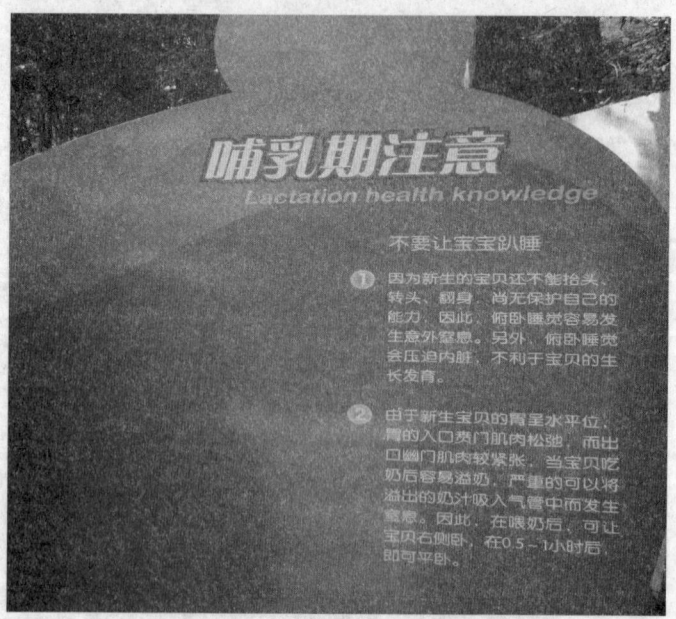

对年轻夫妻来说，这也算得上是物业的精细服务吧

万科宣传栏的启示

关爱家庭，是万科物业人性化服务的一大亮点

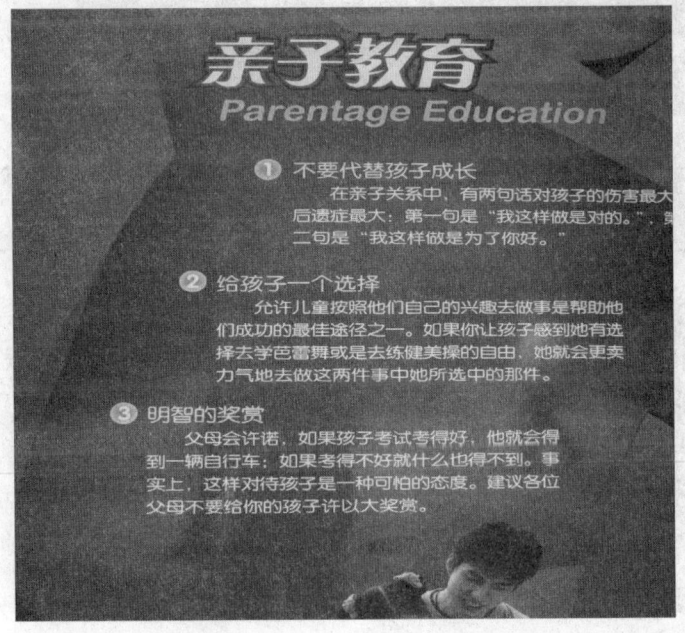

关爱家庭，是万科物业人性化服务的一大亮点

怎样与业主有效沟通　　74

老年人的保健

75 万科宣传栏的启示

万科物业以人们经历的春、夏、秋、冬四季为主题开展活动

司机老冯的故事

老冯是保利物业重庆公司的专职驾驶员，今年大约40岁。坐在他的车上听他摆龙门阵，是一种享受。

他给我讲的第一个故事是，他有一次到一个小区办事，听见物业公司客服中心的电话一直响个不停，却没有人去及时接应，好不容易来人接听了，却回答业主说，反映的这件事她不了解所以回答不了，要等问了别的人再说。老冯就讲，如果我是业主，也会生气了——你们的值班人员就是这样办事的吗？

其实，物业企业在培训员工时都讲过，一是电话，尤其是值班电话一定要有人接；二是电话的铃响声最多不能超过3次。日常生活中，我们经常会听到有人抱怨："××政府机构设立的××长公开电话，总是忙音，根本打不进去。"我们做物业服务的，千万不能把值班电话搞成这个样子，这是很危险的！

老冯讲的第二个故事是，在开发建设中难免会遗留一些工程质量问题，业主反映到了物业公司，中间就要产生一个保修、现场查验、备工备料的过程，要是遇到屋面漏水一类问题，处理时还要受天气的影响，比如遇上下雨天就不行；即使不下雨了，也要等到把漏点找出来，而且要等到防水层下面的积水彻底蒸发干了，才能进行下一步的工作。尽管有的问题处理起来时间长一些，但只要我们耐心地解释清楚，业主一般是会理解的。问题的关键就在于我们接单后，就让业主不明不白地等下去，人家当然要恼火了。要是换了咱们不也一样吗？我们为什么不可以在处理这些问题的同时，随时向业主报告一下目前的进展呢？好比你家里请了一位保姆，你叫她去做一件事，这件事可能需要一个时间段才能完成，你家的这位保姆一直汇报这期间办得怎么样了，你会不生气吗？所以，我们一定要注意服务过程中与业主的交流沟通。

老冯讲的第三个故事是，如果他是一个物业项目经理，当然只是假设。那么若有业主对他产生了误会，甚至骂了他，他一定会主动上门，征求一下这位业主有什么意见；若再遭遇挨骂，他还会找机会与业主交流沟通，直到消除误会为止。

我称赞老冯道："你可是把三国演义读透了！刘皇叔三顾茅庐，才请得孔明出山，人家贵为皇叔，尚不怕折辱丧节，咱本身就一百姓，又有什么可怕的呢？"

老冯的故事很平凡，也没有什么情节，可是我听了以后，感触很深。一个普普通通的驾驶员，尚能这样认识问题，这本身就是一种不简单。很多问题在认识上的升华，也并不一定是位高权重者才能独自享有的专利。我们每一个员工都可以而且应当像老冯那样思考、观察问题。真能这样，则企业幸甚！

要注意第一感觉

人与人之间的沟通，就是彼此之间互相找感觉的过程。说话本身就是沟通。要是不沟通的话，还用得着说话吗？反过来说，要是连话都没得说，那还有什么沟通不沟通呀。再者说，要是一个人不停地说，想和另一个人达成一致的共识，可另一个人就是没有反应，您说这是有效沟通吗？所以我们才说，所谓沟通就是找感觉的过程。

"感觉"这个词，似乎在我们的生活中太平常了，可就是这个普通得不能再普通的常用词，其内涵非常丰富。甚至可以说，我们每个人的日常生活，都离不开它。不信你看：几乎我们每个人都要恋爱、结婚并组建家庭，要是连感觉都找不到，你怎么可能进行这三部曲呢？当然，这绝不包括强制的婚姻在内。就算你已经有了家庭，但是两口子之间连点夫妻的感觉都没有，这个家还能正常维系吗？我们经常听到一些年轻人讲，和某某见面后一点感觉都没有。于是，这段恋爱就一定进行不下去。

其实，感觉是由视觉、听觉、味觉、触觉这几个要素组成的。

举个例子说，现在一些开发商在开盘，或向业主交房时，很喜欢"造势"，目的是想在市面上形成更大的影响力，以不断扩大销售业绩。他们甚至在很热的天气里，也要把现场布置得红红火火，什么红色的旗帜、红色的气柱、红色的标语条幅，再加上红色的腰鼓队拼命地扭动，锣鼓喧天，或者请来军乐队使足劲地吹奏进行曲，气势的确恢弘。但是，我们想想看，按照心理学的说法，红色属于热色、刺激色。就好比我们经常看到的西班牙斗牛场面，斗牛士只要用红色的布不断舞动，一定会激起公牛的愤怒。我们人类在见到红色或听到激昂的进行曲时，同样会血脉贲张、血压升高、心跳加快。在这种情况下，如果是向业主交房，一定是又要收齐尾款、预缴各种费用，仅物业管理就有好几种费用。还要先把各种接房手续办清，签好字，画

好押，一大堆人挤来挤去，好不容易才能拿到钥匙，再满头大汗地去看房，等等。这许多因素叠加起来，就会形成一个强大的负面感觉刺激源，让人不想吵架都不行！

我在给有的开发商和物业公司做交房方案策划时，就要求他们一定要注意给业主的第一感觉要好。因为如果我们给别人的第一感觉不好，以后哪怕千方百计想改过来，都是一件很难的事。所以，为了取得良好效果，最好不要用过热的环境布置，更不要为了显示气派，还搞些热咖啡给大家喝。因为咖啡因会让人血管收缩、神经亢奋；而且最好能在现场播放一些轻音乐。最重要的是一定要让业主先看房，千万不要一上来就是先缴费，让人非常不舒服。同时，我们可以把钥匙装在一个精美的首饰盒里，盒子上面再烫上祈祝语。大城市里不允许放鞭炮，我们就在房间里摆上至少6个气球，让业主一进门就踩它个"六六大顺"，还可以在房间里面配一些简单的清洁用具，让业主感受到服务的细微周到，这样的第一感觉该有多好啊！

业主的第一感觉好了，就为以后的沟通奠定了良好的基础。

重庆鲁能集团的两位开发商总经理就跟我讲过，为了让物业公司在业主面前形成良好的第一感觉，在向业主交房时，物业公司不去参与直接的交房工作，而只是召集业主开茶话会，商讨如何建立业主俱乐部等相关事宜。至于业主在接房时发现了工程遗留问题，则一律由开发的工程部、销售部去解决。物业公司则一直在业主面前保有良好的形象。这样做今后反而能更好地、更有效地协调解决各种矛盾了。

这可真是把心理学中关于感觉，尤其是第一感觉的概念用活了。

说实话，我们前期介入时一再强调前台服务人员的形象、态度，各环节的服务品质，不就是为了能给业主留下美好的第一感觉吗？

从我所了解到的一些知名企业，他们非常推崇人性化服务，而人性化服务的重要一点就在于要让业主有温馨如家的感觉。比如，我们的维修人员上门服务后，主动帮助业主把家里的其他电器检查一下；当业主家里有红白喜事时，我们主动上门，把它当成自己家里的事一样去办，你说业主的感觉会不好吗？问题的根源还是在于我们是不是那样去做了。

在日常生活中，我经常听到一些物业人员抱怨，说业主的自觉性太差了，老是无故拖欠物业管理费。我想，人都是感情动物，关键的问题还是在于，业主对我们的服务是否产生了良好的感觉，尤其是首次和业主接触的第一感觉最为重要。这是因为，感觉是可以上升到知觉的。

譬如，所有的业主，都是通过我们在长时间的具体服务事项，逐步通过很多次的感觉，才会真正认识到我们的品质，进而在思想上认知我们，也就是一个从感觉到知觉的过程。

我们在招聘人员时，要讲究体貌端庄、着装要大方得体、美观雅致，还要讲究礼仪礼貌，不就是为了能给业主留下美好的第一感觉吗？

沟通的旗帜

服务理念是有效沟通的旗帜。

我们都知道，物管企业的服务理念是先期确立的，它一开始是带有主观性质的一种经营观念，而随着企业经营活动的不断深入发展，尤其是品牌效应的不断深化和扩大，实际发生着的服务产品品质，又会反过来支撑企业服务理念的客观存在。这样说话似乎太哲学了一点，但事实就是如此，我们不妨用案例来论证一下。

比如我们大家都比较熟悉的万科物业，它的服务理念是：全心全意全为您。

龙湖物业的服务理念则是"善待您的一生"。保利物业的服务理念则又别具一格，叫做共建"亲情和院"。重庆海宇物业的服务理念干脆就叫做"心系业主"。完全可以想得到，如果你的心中始终装着业主，还会有干不好的工作，还会和业主沟通不了吗？

刚才讲了这么多，绝不纯粹是要单独讲什么理念问题，而是想通过这样的表述，来证明物业服务企业的服务理念，在与业主实现有效沟通方面，具有不可替代的深度和高度，尤其是具有前瞻性、引导性以及宣示性等重要作用。不信你看——

许多业主还没有入住，就已经通过龙湖物业的大力宣示，感觉到自己的

一生都将会被善待,而既然一生都有人善待了,那还有什么烦心的事呢?都这么愉快了,难道交一点物管费还不值得吗?还不天经地义吗?加上龙湖物业的服务实际上在全国范围也堪称一流,业主就更能真实地感受到这种享受善待的幸福了。

再如万科的服务理念,简直就是把毛主席的"全心全意为人民服务"搬了过来,仅仅是把人民更直接地变成了"您"而已。但是,就这么一变,就让业主把自己联系进来了——人家都全心全意为您服务了,您还有什么和别人掰扯不开的事儿呢!物业人员称的"您",在业主听到和看到时就会换位成"我",是第一人称了。既然人家都全心全意对我了,比我的家人还多了几分心意,我还有什么和人家过不去的呢——你看这个心理学用的,真是不简单!

这就是在与业主沟通方面,企业服务理念的重要先导作用。

当然,我们必须承认,你的企业服务理念哪怕做得再好,宣传得再"给力",但在真刀真枪的实干方面是个"客里空",那不但起不到一点好的作用,反而会形成物管人员与业主交流沟通过程中难以逾越的障碍。所以,真的要确定企业比较永久存在的服务理念,可一定要推敲好了,看是否真能做到,可别拿自己开涮哟!

总之,好的企业理念,就相当于竖起了一面革命的旗帜。

经理接待日的方式好

最近，保利重庆物业公司开展了经理接待日活动，据说效果很不错。

他们采用的方式是，先排一个时间顺序表，确定哪一天在哪个小区，并事先告知业主，以便业主前来反映各种问题。然后，再对业主反映的相关问题进行梳理，分门别类进行综合分析与处理，最后把协调、处理的意见和情况，以书面形式向业主做信息反馈。广大业主对此非常赞同，也感到很高兴。让他们感到高兴的地方主要在于，一是可以和物业服务企业的高层领导对话，更方便一些问题的解决；二是感到公司高层这么重视，小区的服务品质肯定会有所提升；三是平时的一些积怨可以一吐为快，因为有了更加可以信赖的倾诉对象。

他们的经理接待日活动还发现了一个现象，即业主反映的大多数服务品质问题，都与企业的内部月度质量检查评定结果相符。这就说明绝大多数业主是关爱物业公司的，是希望公司实现品质优化的。这更说明广大业主和我们有着共同的目标。正如保利物业的管理人员讲的，我们还真得感谢那些对我们的工作提出宝贵意见的业主呢！

我们千万不要认为，反正平时我们随时都在接待业主，哪还用得着专门去搞什么接待日呢！其实不然，经理接待日活动只要真正搞好了，并能做到持之以恒，就肯定会像愚公移山那样，最终搬走王屋山和太行山。

再者说来，虽然我们平时也在接待业主，但作为企业的高层管理人员定期地出现在业主面前，至少会让业主感到是一种重视，这和我们平时的日常接待，效果肯定是不一样的。而且，领导出面，很多问题可以当场拍板解决，会增加业主的信任感。

也有人可能会把经理接待日活动说成是作秀，但我认为，任何形式都是为内容服务的。只要我们有真实的具体内涵，业主自会有他们的评价标准，事在人为，世界上的事情就怕"认真"二字，不管什么形式，只要我们持之以恒，认真去做，就一定会成功。很多先进模范人物的事迹，不是早已告诉了我们这一点吗？

我们再回到保利物业的经理接待日活动上来。

他们的接待活动一开始，业主提出的各种问题就达数百条，经归纳整理，有130多条。针对这些问题，他们经过认真研究，逐条回复业主，尽管有的问题一时不能解决，有的问题也不属于开发或物业服务的问题，但也都给予答复。业主非常满意，而且业主之间互相转告，影响面也随之扩大，物业公司的美誉度也得到了提升。

还有一个很现实的问题我们不能回避，那就是我们有的物业公司的高管人员怕见业主，认为我是领导，只要一出面，那些业主恐怕没事也会来找点麻烦。其实我们应当看到，麻烦只要存在，哪怕你不去找它，它迟早也会自己找上门来，与其被动挨打，还不如主动出击。我在担任总经理期间，每次向业主交房，都要主动到现场；每有疑难，我都直面业主答疑。结果很多业主，哪怕是发生过争论的人都成了我的好朋友，因为业主中各行各业的人都有，所以我出门办起事来也很方便。比如，其中一个业主是开建材店的，我去买东西他就很关照。而且我还发现，当一些业主知道我的职务后，非但没有故意刁难，反而很信任我的解释，从而化解了不少矛盾。这也给我们的员工起到了很好的示范作用。

切莫忽略与员工的沟通

据称,部分国内知名物管企业曾在北京召开会议,对如何提升业主的满意度做了专门的探讨。经过探讨得出的结论是,如果没有员工对企业的满意度,就根本不会有业主的满意度。道理就在于,业主的满意度必须通过员工的劳动来换取。我们完全可以想见,如果一个员工对企业存在很大的意见,他的心里非常不舒服,积了一肚子的怨气,他难道会好好地工作吗?如果你不信,把这样的情况放在你身上试试看。

我自己就是一个从当工人开始企业生涯的人。几十年的经历告诉我,尽管老板看起来是管人的人,但是千万别忘了,员工永远比老板聪明,你对员工怎么样,包括物质的、精神的,他的心里实际上是非常明白的,他的心里绝对是有一把尺的。在一般员工身上,怎样回报老板,怎样报复老板,这个内心的尺度简直太重要了!问题就在于我们的很多管理者看不到这一点,他们总是把自己看得比员工聪明得多——真是聪明反被聪明误啊!

20世纪70年代初,我刚十几岁就在国有企业当学徒,亲眼看见、亲身经历过的一件事,对我至今都有很大的启发。当时那个施工队队长是个山东人,可以说对工作非常负责,整天像一个监工一样,在现场监督大家干活,可是效果并不好。每次他一走近,班长就让大家拿起榔头使劲乱敲,似乎都干得很起劲,可等他一走远,大家又开始了永远也吹不完的龙门阵。当时我就觉得这个队长很可怜,这些工人也很可怜,毕竟每月只有几十元的工资,连每月仅有的4次限量吃肉,一些老师傅为了省钱都不吃,他们怎么能干好活呢。

上面的话可能说远了。但就拿今天来说吧,我真的没看见过,某个员工对企业有很大的情绪,还能够和业主进行耐心细致的交流和沟通。

又讲到一个现在的活生生的事例,是我很了解的一个物业服务企业。新接任的老总一上任没几天,就撤换了原来的区域总经理,相隔没几天,又把

这些区域总经理的薪酬每人降了500元左右。然后宣布,年中通过考核后发放奖励。按说这本没有什么错。但问题出在每一个原来的区域总经理都明白:你那个年终奖,是事先从我们的工资中扣除了的,只不过到年终又补给我们罢了。这本来就是我们身上的肉,你剜下来再给我们补上去,疼啊!结果不说大家也会想到了。

我这里讲的是要和业主之间进行有效沟通,那么到底通过谁来和业主沟通呢?这个道理难道还不明白吗?你不把沟通的桥梁问题解决好,沟通肯定是不能由此及彼的。

物业企业的各级管理者一定要注意,只有把员工的沟通工作做好了,才有可能真正实现员工与业主之间的有效沟通。那么,和员工的交流沟通主要应当注意哪几个方面呢?

一是要讲心里话,千万不要认为自己是领导者,就一个劲地讲很多大道理。要承认工作中的难度和难点,然后和员工共同分析怎样去解决这些问题,要有共患难的意识,绝不能一味地指责。要知道,特别是一线员工,每天面对的是各种各样的业主,他们的心理压力很大,又无从排解。若再遭遇领导的责怪,那他们唯一的选择就只能是离职了,即使暂时不提出离职,可能心已思迁了;再一种可能就是产生积怨,这种积怨若无处发泄,则很有可能转化为对业主的服务态度或服务质量上来了,那最终受到影响的除了员工本人外,企业可就麻烦了。

二是要注意找准员工个人利益与企业利益的共同点,或叫结合点。"天下熙熙,皆为利来;天下攘攘,皆为利往",这是从古至今的基本社会准则。共产党的历史使命,不就是让全体人民获得最大的利益么。只是要告知人民,不同的阶段利益标准不同而已。我们为什么不可以和员工一起找到利益的共同点,并鼓励员工为了这种共同的利益而努力奋斗呢?比如,深圳长城物业,在其发展的较高阶段,就推出了全员股份制的利益目标,直接地说就是要让员工跟企业一起发财,这样的沟通,结果是每个人都拼命地工作,为了自己,同时也为了企业。最终是员工队伍的稳定与企业的大发展。

与员工的有效沟通,转变成了员工的工作热情,转变成了员工与业主之间的有效沟通,也就随之而转变成了业主对企业的满意度,最终转变成了企业的财富。

我坚信,如果离开了企业领导者与员工之间的良好沟通,就根本不会有员工与业主之间的有效沟通。

要真诚帮助业委会

如果仅靠我们物业服务人员和广大的业主沟通交流,往往会形成孤军作战的态势,那是很难成功的。在这方面,我们一定要应用毛泽东关于"群众,只有群众,才是创造历史的英雄"的历史唯物主义思想,充分发挥好业主委员会的作用,才有可能真正达到有效沟通的目的。

现在业内有的地方,还存在着一种认识上的误区,似乎业委会与生俱来就是和物业管理企业对着干的。我认为事实并非绝对如此,问题的关键在于,我们是否处理好了这样几个环节。

一是帮助得是否到位。国务院颁布的物业管理条例明确规定,作为开发商和物业管理企业,均有责任和义务帮助业主筹建和成立业主委员会。既然有了政策,那就看我们到底怎么运作了。也就是怎样帮助,帮助得怎样,其程度如何,将直接影响到今后我们的工作效果。有一条成语叫"种瓜得瓜,种豆得豆",说的就是这个意思。而且,这种帮助绝不是仅限于物质方面的,更为重要的是在精神方面、组织方面的帮助,这是由业主群体的特殊性所决定的。首先,是因为业主之间并不是十分了解,由哪些人来筹建、谁来牵头实现都需要有人牵线搭桥;其次,在筹建过程中,不少加入进来的人,抱着不同的目的,这也是必然的。在这种情况下,若没有相当长的过程来筛选合适的人选,这些人选又必须符合业主委员会组成人员的基本条件,则今后的工作势必难以走入正轨。

二是沟通得是否透彻。有人会说,这哪有考量的标准啊?我们应当相信,任何事物都有它的处理过程与结果的考量标准,就看我们是否挖掘出来而已。至于我们与业主委员会沟通得是否到位,衡量的标准基本有这样几条:①看是否在相关政策法规的理解方面取得了共识。若业委会是这样理解的,而我们又是那样理解的,彼此间还存在很大的分歧,那就是还没有沟通透彻。②看是否在全体业主应当遵守的公众制度方面取得了共识。若业委会成员只考虑到自身利益或部分业主的利益，而忽略了广大业主以及物业公司的利益，那也同样还存在差距。③看是否在双方都进入到了互相支持、互相补台，而不是互相拆台、互相诋毁的工作状态。

说实话，现在物业公司和业主委员会之间合得来的的确很少。我认为，首先应当肯定的是，业主委员会这一新生事物的出现，有它的历史必然性，它应当是我国社会现阶段民主进程加快的重要组成部分。如果业主连这一点权利都没有，那倒是民主的悲哀了！但是，我们的确应当看到，业主委员会毕竟也是由各色人员组成的社团组织，其素质的确有参差不齐的现象存在，这也是难以绝对避免的。他也必然有一个大浪淘沙的发展过程，任何事物都是如此。比如，在历次革命的过程中，都有各种不同目的的人参与进去。很多人开始动机并不纯洁，但随着革命事业的发展，很多人的世界观在大环境的熏陶下，得到了根本的转变，就是这个道理。所以，我们应当相信，只要彼此间不断地加强沟通，业委会成员的思想观念也是会与时俱进的。

善于倾听是一门学问

我在日常工作中经常发现,我们有的员工性子太急,往往是业主的话还没有说完,她或他就忙着去解释,结果经常是越解释就越是解释不清楚,反而弄得双方都很不愉快。原因到底在哪里呢?

其实,客观地说,原因应当还是我们的工作方法。毛泽东曾经说过,让人家把话讲完,天不会垮下来!要知道,言为心声。而且,语言还是有逻辑性的思维表现方式。所以,你不等人家把话说完就开始表达你的意见,一是对方的整体意见你不一定清楚;二是你自己可能也会因为在中间扛了一段木头就走,前不见稍,后不见尾,那不出问题才怪。

我自己在工作中就经常遇到一些业主来提出各种问题,每当这种情况下,我总是耐心地听业主把话讲完,而且还会主动问道:"您还有什么需要我们帮助解决的事情吗?"在这里我一定要提请大家注意,这句话太重要了!我们很多物业管理人员,无论是在电话里,还是直面业主的时候,都差这么一句话。可别小瞧了这么简简单单的一句话,它至少表现出一种耐心,因为我相信,业主对这份真诚是感受得到的。我还发现,在很多情况下,业主一经我这样问话,本来紧张的面部表情,立即会放松下来,为下一步的交流开了好局。在业主反复表述他的意见的时候,事实上我也在快速地思考怎样回答才能让他感到基本满意。

记得有一回,一位××大学的校办主任,晚上12点给我打来电话,投诉会所有人打麻将,吵得她睡不着觉。我一直耐心地听她讲到凌晨1点,才回复说,一是已经派人去制止了,这家人结婚来的客人打麻将确实晚了一些,也按规定在12点就停止了,可能是收局时声音大了一些,他们已经表示歉意了;二是您家距离会所30多米,在38℃高温情况下,两边都把双层隔音玻璃窗关得紧紧的,那一定是您的听觉太灵敏了。结果她也不好意思地笑了,

原来她明天要去参加一个学术研讨会，可能是搞行政工作久了，学术上有些生疏，有些紧张而已。后来我们就聊了一些其他的事，她还一再说物业工作的确不好搞，并对占用了我这么多时间表示歉意。说实话，从那以后，我们至今都还是好朋友。

当然，善于倾听还有一层意思，也是更深层次地探讨这个问题。那就是绝不能简单地理解为，你不是让我听人把话讲完吗，那我就只是耐着性子听好了。这可不行，这是被动地听，业主一看就会明白。所谓倾听，一定要认真地听，专注地听，而不是马马虎虎地听，不是应付了事地听。是不是专注地听人讲话，我们在平常接触中，难道不是从一个人的面部表情就可以看出来了吗？这个表情是装不出来的，不信你试一试，你心里想着另外的事，而表面上好像在听人讲话，那别人一眼就看出来了，除非对方是祥林嫂似的人。

这里需要注意的是，懂得倾听就不容易，要善于倾听那就更要下工夫学了。常言道："世事通达皆学问。"如果连善于倾听都做不到，那还叫世事练达吗？

如果说倾诉是一种传递某种信息的需要，则我们应当有接纳的需要表现才行。而绝不能是一种单向的行为，马斯洛的行为科学不是告诉了我们这一点吗？在今天人们普遍较为浮躁的社会现象下，要想向别人倾诉一点心声，似乎也没那么容易了。一般而言，当一个人有倾诉动机，亦即有倾诉欲望或需求时，这时，他的最高需求层次就是能有人耐心倾听，他需要知心、知音的对象。这时如果我们物业管理人员能够真诚地听取他的意见，他很容易就会把你当做比较贴心的人，这是毋庸置疑的。

当发生工程遗留问题时

在日常服务过程中，经常会遇到业主对工程遗留问题的投诉。而且，每当发生这类问题时，都会产生如下几个方面的矛盾：一是物业服务人员不懂建筑工程的基本知识，不能明了地回答业主的质疑，更不能从根本上解释问题产生的原因，以及解决的办法。要么含混地掩饰，要么只好再通知工程部门来人查看现场后作出处理决断，这就会让业主感觉到，反正你也不懂，我怎么说你也只有听着。二是业主本身也不懂建筑工程常识，给他讲什么工艺流程，处理措施也很难令其理解。在双方都处于这种不太懂的状态下，当然就很难把问题说清楚了，甚至还会把本来并不十分复杂的问题，越弄越复杂。加之有些工程遗留问题处理起来，的确在组织流程和工艺程序上，都不可能一蹴而就，弄得不好，业主就会认为是在有意拖延。所以，在很多情况下，矛盾的产生并不是问题的本身，而是因解决时间的滞后而激发的、针对问题的另一方面的矛盾，即所谓转移性的矛盾了。毛泽东在《矛盾论》中曾专门论述了主次要矛盾的互相转化问题。我们在日常工作中，特别要注意这一点。

对于工程遗留问题，我们物管人员首先要有明晰的认识。一是由于房地产开发建设，至少要涉及约70个相关产业和行业，还有上百套施工工艺、施工程序，加之人工作业的生产方式，仍然是我国建筑业目前的基本形态，这就必然导致各种工程质量通病、质量瑕疵的客观存在。二是目前很多工程由于各种原因，边设计、边施工、边整改的所谓"三边工程"比例较大，工程遗留问题总是会不同程度地存在和发生，这并不奇怪。关键是发现了建设工程遗留质量问题怎么办，怎么和业主进行有效的沟通，从而达到和谐地解决问题的目的。

我想，第一是不要回避问题，不要绕开矛盾走。须知任何矛盾最终都是绕不开的，倒不如直面问题，反而让人觉得痛快一些。我们有些开发商和物业管理人员，往往爱绕着弯说事，结果每每适得其反，弄得业主十分反感，越往下越不好谈了。我们一定要注意，千万不能采取蒙骗的办法，千万不能让业主感到我们是变着法地骗他。第二是一定要找到问题的根本，尽量争取一步到位地发现问题的根源，然后明明白白地告知业主，这是什么原因造成的，我们打算怎么办，采取什么技术措施，步骤如何，大体需要多少时间，需要业主怎样配合，等等。第三是一定要设身处地地从业主的角度出发，把自己当成业主，遇到了这样的事，心里会怎样想，可能事情就会好办得多。第四是要催促开发商或施工单位、供应商，尽快解决问题，一定不能拖延，必要时可采取经济制裁，或延请第三方到场先行处理。目前，很多开发商都已采取了一系列相关的有效措施，以保证工程质量问题的及时处理。第五是一定要做到随时向业主通报问题处理的进展状况，从而既让业主感到对他的问题认真负责，也同时感受到我们对他的尊重。现在，国家住房和城乡建设部已经颁布了物业承接查验的相关政策，即我们通常所说的165号文件。这是一份非常具有炒作性的文件，只要当地各级政府职能部门真正按此把好关，开发商和物业自己也把好关，我们相信即便是施工企业，他自己把不好关，恐怕他自己也过不了关，那我们遇到的工程遗留问题，就会越来越少，我们和业主之间关于这方面的麻烦事也必定会越来越少。这样的日子我想为期不远了。作为一个在施工单位干了30多年，在开发企业干了10余年，又在物业公司待了十几年，而且还在政府部门当过分管基本建设副县长的人，笔者是深信这一点的。因为这最终是由市场决定的。

　　还有一个问题，在这里也顺便说一下，那就是工程遗留问题，一是要通过早期介入、工程查验、物业移交（承接查验）消除大部分存在的隐患；二是一定要和开发商签订前期管理服务协议，把责任明确下来。比如，笔者就曾经遇到一种情况，电信部门的工人在施工时，把一卷线塞进了室内排水管，后来导致业主卫生间返水，造成了损失，由于事先我们之间在协议中对双方责任有明确的规定，所以问题很快得到了解决。可想而知，如果我们事先没有这方面的约定，一旦发生问题，光是双方扯皮，就会耽搁很多时间，业主能没有意见吗？在现实生活中，一旦遇到这种情况，那就更要给业主做详细耐心的解释工作了。其实，现在业主也很明白开发商和物业之间的关系，也能够理解物业的难处，关键还是看我们怎样去做工作。

业主装修时的沟通

一般来讲，几乎所有的人买了房子都要进行一番装修。这是由于，一是装修附加值较高，业主一般不愿意接受所谓的"精装房"；二是由于装修装饰的费用加在了房价上，开发商考虑到销售因素，也不愿意这样干；三是业主的审美标准不同，统一的装修风格业主也接受不了。所以，在大多数情况下，物业小区内的业主又会进行二次装修。而这恰恰又是物业服务全过程中最难于管理和控制的阶段。

那么，我们怎样在这一阶段和业主实现有效沟通，借以实现标准化、规范化的管理服务呢？

首先，一定要在物业开盘时就把有关装修的政策法规、公众制度、管理服务流程等公示出来，也就是先要公之于众。千万不要等到某一家业主要装修了，或者已经发生某种问题了，再去搬出这样那样的政策条文。甚至我们可以在业主购房时，就送上一份相关规定的汇编资料，让购房者知晓。

其次，只让别人知晓，也就是我们平时说的"晓之以理"还不够，还要告之以"利"。这个"利"包括三个基本面，即生命之利、财产之利、共存之利也要讲明白才行。而且最好能通过一些案例描述来印证，更容易打动业主。比如，有一个业主想在两家相邻的隔断墙上开挖凹面，用来做电视墙。我们不能简单地不同意，而应跟他讲清楚，隔壁的邻居也有这样的想法呢，正好你们两家人都挖通了，就变成一家人了！这位业主一听，立即放弃了这种想法。

还有就是要抓住一些随机性的宣传，比如汶川大地震后，我们就借此告知广大业主，若擅自搞违章建筑，那是多么危险啊！一些业主也深有感触地讲，物业公司的人当时劝阻我们不要乱打墙，我们还生气，现在看来的确是为了我们的安全着想，我们的确是误解他们了！

除此之外，我们还可以在装修期间把与业主的沟通与交流，延伸到与装修单位的沟通方面去，对装修单位的人员要"感知以情"。许多业内人士都认为，装修单位的人最不好控制，它不但要涉及人员、车辆进出管理，材料和弃渣的堆码等一般性问题，尤其还要涉及装修方案的确定。一些装修单位，为了拿到订单，一味讨好甚至蒙骗业主，这里也可以打，那里也可以打，利用业主在装修时追求新奇的想法。这个时候物业公司的善意干预或劝阻，一般都会遭到业主的强烈抵触。

这个时候应当怎么办呢？作者在实践中采用了这样一些方法，收到了较好的效果，在此与读者共享。

（1）对装修单位的服务与引导。很多装修单位在业主接房时都会蜂拥而至，他们都想展示自己的形象。对此，我们一是可以因地制宜，提供一些合适的场地供其设展，物业公司也可以顺带创收，这实际上也是对业主的延伸服务。因为它可以节省业主满街跑去寻找装修单位的时间，至少是方便了业主。二是对这些进场设展的装修单位，我们可以提早约法三章，还可以签订文明施工公约。关键还在于我们开展了每季度一次的评比活动，对符合条件的装修单位，在小区内张榜公示，排出名次，颁发证书，以帮助他们更好地招徕业务。这样做的结果是各家装饰公司，纷纷与物业公司套近乎，生怕哪一点没做好影响了评比。装修期间的管理也一下子就理顺了。

（2）对业主的服务与引导。我们应当知道，其实很多业主对装修是比较茫然的。物业公司要在这一阶段的管理服务过程中占据主导和主动地位，就必须发挥主观能动性，从业主的切身利益出发，在服务的过程中实现管理的目标。比如说，我们可以向业主介绍一些装修的基本知识，特别是一些容易发生的误区，以及不规范的装修所导致的后患，如暗埋线管引发的火灾等。再就是要大力宣传不按要求施工所造成的危害，我们完全可以把一些不按规矩装修给业主带来的危害，以及物业公司如何加强管理的案例，用图片的方式公之于众。再比如，有的装修单位对装运材料和人员的车辆进出实行检查很不配合，甚至鼓动业主与物业公司制造事端。在这种情况下，物业管理人员就一定要和业主讲明白，有不少装修单位给业主验示的是标准线材，等业主一转身走了，就立马换成了旧线，本该整线暗埋的，实际上线管里连接的全是旧线，给业主的物业资产和生命安全埋下了隐患。物业公司这样检查，恰恰是为了对业主负责。这样的解释，相信业主是一定能够接受的。

当然，我们也应当清醒地看到，任何事物都是相辅相成的，都不是绝对的。当某种方式的沟通不一定有绝对的效果时，我们就应当采取另外一种方式了。比如，在现实生活中，别墅的装修管理就很难，有的业主甚至根本不准物管人员进入房内查看，有的地方还发生过在别墅内开挖地下室，工人因塌方被埋致死的悲剧。有的装修单位被称作"地老鼠"，就是因为他们专门鼓动业主挖地下室来赚钱。对此，笔者曾给开发商出过点子：在修建时就做好地下室，一是可以赠或卖，二是从根本上治住了乱挖风。这就好比大禹治水，要疏导而不是一味地强堵。

装修期间的管理服务，是所有物业企业的重头戏和关键阶段。这一阶段的硬性管理诚然非常重要，但由于企业的服务性质决定了，我们更多的仍然应当以实现有效沟通为主要方式。否则，即使我们当时硬性地阻止了一些违章装修，但今后和业主的关系会变得难于相处。

正所谓攻心为上，攻城为下是也。

附：保利重庆物业公司高尔夫花园项目的温馨提示

关于依法装饰装修的温馨提示

尊敬的业主：

首先感谢您选择保利高尔夫花园，我们将竭尽全力真诚地为您服务，同您和大家一起将高尔夫花园建成一个和谐美好的温馨社区。

为了维护您和其他业主的共同利益，我们将和您一道共建"亲情和院"，为此，我们谨将《重庆市城乡规划条例》、中华人民共和国建设部令第110号《住宅室内装饰装修管理办法》、《物业管理条例》、《重庆市物业管理条例》、《物权法》等政府相关法律、法规和规章中关于违规装修处理方式摘要如下供您参照：

一、物业装修前，"应当将装饰、装修的时间、范围、方式等口头或书面告知物业服务企业"，并经审批后方可开始施工。

二、物业服务企业必须"将装饰、装修中的禁止行为和注意事项提醒业主或者使用人以及装饰、装修人员"，否则将受到政府主管部门的处罚，甚至吊销资质。

三、物业管理区域内严禁下列行为：

（一）占用地上或者地下空间违法修建建筑物、构筑物；

（二）破坏或者擅自改变房屋外观，在非承重外墙上开门、窗；

（三）损坏或者擅自变动房屋承重结构、主体结构；

（四）损坏或者擅自占用、改建物业共用部分；

（五）损坏或者擅自占用、移装共用设施设备。

四、不得违反国家有关工程建设标准，妨碍相邻建筑物的通风、采光和日照，以及不得危及相邻不动产的安全。

五、物业服务企业对违反装饰、装修规定的行为，必须报告相关行政管理部门。

六、政府主管部门对违规修建责令停止，按照有关法律法规进行处罚，并限期拆除。

对修建地下违法建筑的，除责令停建外，还要限期回填或拆除；未在规定的期限内回填或拆除，并按违法建筑面积处房屋楼面价格百分之百的罚款；对危及公共安全者，当事人不自行回填或拆除的，必须予以强制拆除。

我们相信，为了维护自己和他人的共同利益，您一定会自觉遵守相关法律、法规，和我们一起共建和谐美好的温馨家园。谢谢您的配合与支持。

特此呈告

高尔夫花园物业服务中心

2012 年 2 月 21 日

钻石和阳光的启示

我们都知道,在自然界中,钻石的硬度是最高的。可是你知道吗?比钢铁和玻璃还要硬的钻石,也有它的克星!科学家做过实验,如果把一粒钻石放在阳光下,再取一个高倍放大镜,让聚焦后的阳光照射在钻石上,要不了多久,一颗璀璨的钻石就会化作一摊石墨。而石墨是一种很软的矿物。这并不是魔术,而是因为在高温作用下,钻石的分子结构发生了根本变化。

同时,我们也知道,自然科学的很多道理是与社会科学相通的。这并不是机械唯物主义的观念。我们并没有把所有的社会现象都归属于自然现象,只是说有一些道理是相同的而已。我在这里只是想要说明一个道理,那就是再硬的东西,在一定条件下,都可以转化为不那么硬的东西。

在物业服务过程中,我们可能都曾遇到过一些业主,他们一开始可能会对某一件事情的处理或解决方式表现出极其强硬的态度,甚至表现为有人所说的"死硬"态度,往往弄得我们的工作人员手足无措,不知该从哪里找到解决问题的突破口。

其实,每当遇到这样的事情,我们自己首先要冷静下来,千万不要头脑发热,也跟着激动起来,或者失去耐心,那可是物业管理人员的大忌!这个时候,我们最重要的是首先要思考解决这个难题的"化学分解式",当然这只是个比方。所以,我们一是要搞清楚问题的来龙去脉,别一上来就说错话;二是要摸准对方的期望值;三是帮助对方想到他事先没有想到的利害关系;四是一定要明白,越强硬的人,有可能越是一种底气不足的虚张声势,硬过头的人往往是不可能持久的。毛泽东军事思想中的避其锋芒、敌后抗战的策略,是值得我们学习的。

这里讲一个案例吧,在某花园别墅区,有两户相邻的业主,一户在坡上,一户在坡下。坡上的业主装修时,没注意到排水管的改造,致使水流到了下面一家，下面的一家在向上面的一家提出这个问题的时候，态度不太好。于是，当下面的一家开始装修的时候，就开始设置障碍了。两家人都很蛮横，闹得不可开交，僵持不下，而且都对物业公司表示了非常强硬的态度。我知道后，采取了顺藤摸瓜的办法，首先理顺了事情的来龙去脉，分析出这件事的主要矛盾和次要矛盾，抓住双方的症结所在，分头做了初步协调的工作后，由其中一家业主主动发出要约，双方在物业公司的主持下见面商谈，很快化解了矛盾，甚至还成了朋友，两家都很感谢物业公司的协调，纷纷邀请物管人员和他们一起喝茶。

这件事告诉我们，千万不要被事物的表面现象所蒙蔽，闹得越厉害的，很可能是为了掩饰内心的空虚。所以，我们一定要透过现象看到事物的本质，从而开展有效沟通。

我就曾经历过一个案例，一个业主家里丢失了一个手提式保险箱，自称里面有20万元现金，要让物业公司全额赔偿，大家为此愁眉不展。我了解到该业主曾私自开挖地下室，并在原来的挡土墙上开了门窗，经执法部门处理后做了赔偿，因此他对物业公司耿耿于怀。同时我还了解到，物业公司对他增加的面积并未收取管理服务费。我就对这家物业公司的人员讲，我们连服务费用都没有收取，谈何赔偿责任呢？还莫说你违章在先，更莫说按照物业管理条例和物权法的规定，除特殊约定外，我们本就不应当对业主的专用部位承担人身财产安全的责任。结果，这家公司的客服人员按照我的说法与业主进行了沟通，这个业主再也没提要赔偿他的损失事。

我还亲身经历过一个案例。在一次城乡结合部的楼盘交房过程中，由于许多业主一开始对于物业服务不太了解，所以对物业公司根据法律法规拟定的公众制度有误解，甚至讲，"既然是公众制度，我怎么事先不知道啊？"，等等，闹得项目负责人不知所措。我就自己上来接待这些闹事的业主。慢慢地让所有人把话说完，然后我逐条回答每个业主的问题，绝不发生正面冲突。结果，事态很快就平息了下来，交房工作也得以顺利进行。

这样的工作方法，你认为对吗？

用钻石来对付钻石，硬碰硬，其结果当然只能是两败俱伤；用温暖的阳光聚焦钻石，那就几乎没有硬度可言了，您说是吗？

业主之间的沟通很管用

"沟通"这个词很有意思。你看,"沟"大抵是沟沟渠渠的意思,沟和渠如果不畅通,那水怎么流得过去呢?既然流不过去,当然就必须要疏通才行。

这里我们之所以要讲业主之间的沟通,是因为世界上的沟通并不都是那么直截了当的。当今世界上甚至国与国之间的争端,都需要第三方的协调。笔者在实践中体会到,有时业主之间的沟通比我们起的作用还要好一些。

比如,我曾经有意识地挑选一些年龄较大,又能够热心于小区服务的业主担当"督导员"。

他们每逢遇到小孩子攀折花木、乱放烟花爆竹、破坏公物,就会立即制止,比我们的工作人员说了还管用;个别人,甚至是相当级别、权力在握的公务人员有违规行为,他们都敢于去阻止;装修工人进出小区不按规定接受查询,他们也会挺身而出,帮助门岗进行管理;看到小区哪里的阀门漏水,哪里的草坪坏损,哪个员工不负责任,都会得到他们的帮助。试想,这么好的资源若不利用,岂不是浪费?

另外,我在街道党委的帮助下,建立了物业公司自己的党总支部和一些基层支部,把业主中一些离退休的党员吸纳进来,首先做到了在党组织内把业主党员与企业党员融合起来。你可别小看了这些业主党员的作用,他们做起工作来说服力可比我们强多了。包括邻里之间因装修等问题引发的矛盾,只要党组织一下任务，这些业主党员都会很愉快地接受，并完成得非常好。

在成立党组织的基础上，我们随之又经上级武装部、中国人民解放军当地警备区的批准，组建了企业的武装部和民兵后备役队伍，既在全体业主中也在当地社会各层面形成了较大影响，而且还在抗洪抢险、防范社会应急事件等战斗中，多次受到上级的表彰。一些复转军人的业主不但自己，还让他们的孩子也加入到我们的队伍中来。这些战斗员肩负的另一项任务就是帮助协调解决各种纠纷，尤其是当我们了解到某业主是复转军人后，让这些战斗员出面，往往效果甚佳。

让业主之间形成沟通，只要我们组织得好，提供这样的平台，是可以起到很大作用的，关键是要看我们是否组织到位。这里有两种情况需要引起重视。

第一种情况是，当我们和业主之间的关系非常融洽时，业主之间的互相沟通，可以改变"鸡犬之声相闻，老死不相往来"的闭塞状况。起码对我们的安全防范工作有好处。某地一高档住宅小区，由于业主之间彼此不熟悉，给小偷钻了空子，一口气连偷了五家。原因是现在的小偷作案手段狡诈多了，他们甚至统一着装，还佩戴着工号牌，正儿八经地挎着有标识的工具包，用很先进的切割工具明目张胆地卸掉防盗门。但由于对门的邻居不认识，也就不去管这档"闲"事，小偷当然也就放心大胆地破门而入了。试想，若业主之间彼此之间很熟悉，一看见有人砸门，肯定要询问一下，就会避免很多事情的发生了。

第二种情况是，当业主和物管之间的关系比较微妙时，我们在提供交流沟通的平台时，就一定要谨慎周密。在不少小区，都曾发现有人专门做一些挑拨离间的事。我们不得不提高警惕，加以防范，并帮助广大业主识别这些人的庐山真面目。某市就曾发生过，有人甚至公职都不要了，专门去当"反对派"，他有好几套房子，分别在不同的小区里面，于是他就到各小区去串联业主，要当业委会的头，再下一步就是不停地运作招投标，更换物业公司，其目的只有一个，那就是牟取私利。由于这些人打着为了广大业主利益的幌子，极具欺骗性，一时难以被广大业主识破。我就亲眼见到业委会的成员被业主骂得最后都无法在小区居住的状况。但是，这些人本性难改，换了一个小区居住，他还要这么搞，甚至他自己的家人都十分反对。像这种情况，我们必须事先有所把握才行。因此，我们一定要做到信息准确、快捷，因为一旦让这些别有用心的人得势，再来处理就很困难了，毕竟对于很多业主来说，他们没有也不会把更多的心思用到这方面来，这就需要我们代表全体业主的根本利益和长远利益，引导业主认识到：尽管有的人也是业主，可他们并不一定就是代表业主根本利益。我们一定要及时、大胆地揭穿个别人的险恶用心。还可以提前通过其他物业的案例分析、社区领导的讲话、政府主管部门的政策制约等有效措施，来加强我们的调控。

总之，业主之间的沟通是一件回避不了，而且也根本用不着回避的事情，要学大禹治水，合理疏通，千万不要去堵！

要懂一点宗教知识

我从不迷信，也从不烧香拜佛什么的。但我喜欢了解一些宗教方面的知识。没想到居然在与业主的沟通交流中还派上了用场。下面讲几个真实的故事，与大家共享。

我的办公室里摆放着有一尊释迦牟尼头像的雕刻，已经很长时间了。有一天，突然来了几位我不认识的人，进了门后一看见佛像，立即双手合十，口诵佛号：阿弥陀佛。我也立即起身，右手单立胸前，复颂佛号——原来遇上了几位居士。通过交谈方才得知，他们来自内蒙古赤峰市，在这里买了好几套房子，有自己住的，也有用来投资的。因为房子的部分质量问题，以及关于空置房物管费的问题生了一肚子气，本来气哼哼地想来找我讨个说法，可是见到佛祖法相，立刻就泄了气。佛家可是戒嗔、戒贪……于是我们就聊了起来。从华严经、金刚经聊到迷烂陀寺，从小乘的自我到大乘的无我，等等。最后，他们一行人非要请我吃饭，我们还成了礼尚往来的好友。

这件事给我很深刻的启发，培根的"知识就是力量"这句名言的确不假。哪怕没事的时候看点闲书，日久沉淀下来的常识，可能会成为日后交友的纽带。

说实话，真正的大乘佛教并非让人迷信。佛陀自己就说过，有一人不成佛，我誓不成佛。事实上，天下人并没有都成佛嘛！我很欣赏梁启超在《拈花笑佛》中所说的，要智悲而不要愚悲。

我说的第二个故事，是我在了解到一些老年业主都有这方面的信仰，有的人尽管腿脚不便，还要经常大老远地跑到庙里去进香。正好小区里的一棵大树，根部有一个天然的洞，我就在里面摆了一尊大抵是城隍的石像。结果很多业主都认为这成了小区的一景，也方便了那些有信仰的人。我认为，业主的信仰也是应当尊重的。而且我还发现，这些人当中，绝没有欠缴物管

费的。

其实，在平常的日子里，我也要读一读《圣经》和关于圣经的故事，使我和有这些信仰的业主交谈起来，好像一下子没了距离感。比如有一位业主，两口子都信基督教，而且非常虔诚。结果楼上的业主好几次漏水下来，老两口都很温和地对我讲，帮他们沟通一下。因为我曾经和他们一起探讨过《圣经》中的教义。这条教义说，哪怕给别人须臾的快乐也是为善。

作为物业管理人员，无需一心向佛向教，但就像我们学习外语，是为了更好地与更广泛地与人们进行沟通交流一样，学一点有关宗教方面的知识，在今天的社会境况下，是不会有人骂我们迷信的！

物业管理涉及方方面面的人，这是需要有一些社会学的基本知识的，不信你看马克思和恩格斯的著作，里面有相当篇幅是论及宗教的。当然，我这里虽然只是讲到要知晓一点宗教常识，但事实上我们不妨多掌握一些其他各方面的相关知识，不妨做一些"泛学"，我国一些著名的科学家如袁隆平、钱学森等，无论在音乐、古典文学等很多方面，都很有造诣，值得我们好好学习。

企业报的作用不可小觑

现在不少物业公司的企业报，都是与业主息息相关的。甚至可以说就是给业主看的。再说白一点，这是我们和业主沟通交流的重要渠道之一。

我很不赞成有的物业公司，只从自己企业的名称来考虑企业报的名称。如果只是企业自己的事，也仅仅只想让企业内部的人知道、了解报上的内容，那是另一码事。问题就在于我们首先是为业主服务的，这既然是我们的宗旨，那就应当把宗旨落实到一切工作中，企业报也就理应包括在内了。比如，龙湖物业就把他们的企业报定名为《龙湖人》，每一期上业主的稿件都占了很大的版块。业主写的文章，又会有更多的业主去读，你想一下这该是多大的力量啊！用毛主席的话说，这叫让群众自己教育自己。也应当叫企业报的群众路线吧。

要知道，在业主中，不乏摄影爱好者，我们不妨组织一个专题，譬如我们的家园等，让他们发表自己的作品；在业主中，还有医务人员，让他们写一点心理健康常识；小区中有学生，可以搞一点假期作文比赛，等等。我就做过这样的实践，开展暑期作文比赛，题目是"赞美我们的家园"，奖品不外乎一些笔记本、铅笔、钢笔之类，问题是那些家长们，非常看重那份获奖证书。那些获奖作文贴在小区专栏后，一些家长居然会反复去看。记得有一个学生写道："我们小区的天格外的蓝，阳光和煦。"另一位业主看到后自言自语地说了一句，现在哪里还看得见蓝天哟！那个学生的家长可不干了：难道我的孩子还会说假话不成？可见孩子的间接灌输力还蛮大哩！

企业报的另一个重要作用，就是可以定期刊登一些有关物业管理服务的政策、法规，以及一些相关案例，使业主逐步了解到更多的信息。再就是可以介绍一些有关基本维修的服务知识、安全防范知识等。

关于企业报，不少同行有一些认识上的偏颇，甚至认为反正业主也不会

去看它。其实,只要让广大业主参与进来了,就不用担心别人不看。我还可以肯定地说,时间长了,他可能看不到还不习惯呢!持之以恒,则水滴石穿。

企业报就是要有一股穿石之水的精气神,就是要有一种敢于把业主融入进来的大家伙精神。再就是企业报必须要有一种大家风范,要把业主资源的作用充分发挥出来,一定要从我国民主化进程正在加快的大环境来考虑问题。而绝不能只搞"一言堂"!再者说,多给业主一点发言的地方,有什么可怕的呢?你不让他说出来,难道问题就不存在了吗?

业主接房时的沟通

我们干物业管理服务这一行的人都知道，真正和业主之间的沟通与交流，作为物业人员来讲，实际上是从业主接房时才开始的。平时人家售楼小姐卖房，咱们物业管理人员连业主的面可能都见不着，所谓沟通与了解，仅能通过一些公示资料，让业主对某家物业公司，以及今后有哪些公众制度有所了解。

因此，咱们可一定不要忽略了业主接房时的沟通与交流。

首先，这可是业主和我们之间的第一次见面，能不能给业主留下较为深刻的良好印象，这一环节非常重要。因为对于绝大多数业主来讲，几乎没有可能在同一小区再接一次房了，如果我们放弃了，或者说没有利用好这难得的第一次机会，在一定意义上讲，那就是"时不再来"了。所以，机不可失呀！

其次，这种场合是一次难得的规模性活动，切不可放弃这么好的机遇。每逢这种机会，我们都应当组织与之相匹配的员工队伍，积极踊跃地和业主进行深入细致的沟通。

这种沟通在层面上一是要注重政策和法律法规方面的信息交流；二是要注重对于公众制度与单个业主之间利益关系方面的信息交流；三是对于物业公司的企业形象、品质，如服务宗旨、服务内容、服务标准、收费标准与费用收支构成等若干方面的信息交流；四是对于物业形态有关信息的交流。

通过这些交流与沟通，不但可以大量地展现企业自身需要发布的一些信息，主动让人家了解我们，而且可以非常充分地了解到业主的真实想法，使我们能够做到知己知彼，从而有效地开展下一步的工作。

常言道，物以类聚，人以群分。通过业主接房这种具有一定规模的接触，我们可以说基本上对业主有了一个大体的了解。这对我们的工作不是很有好处么？

那么，这时候我们的沟通工作主要应当注意哪些呢？我认为，关键在于以下几个环节：

第一，不要一接触就是钱的事。我们有不少物业公司，好像生怕业主不交钱似的，一上来就是预缴一个季度、半年，甚至一年的物业管理费，然后再谈下文。好像不这样做就没有把握似的。有的企业甚至干脆给业主明说，不交钱就别想拿到钥匙。我们这些物业管理人员似乎没有想到，难道你就收这一次物业管理费，以后就不收了么？这种强按脖颈喝水的事，咱做物业服务的人可千万不能这样做呀！我们难道不可以先把为业主服务的事儿办好了，最后再让业主交钱吗？好比我们去商场买一台电视机，服务员总是先介绍产品的性能、售后服务的内容，再演示给你看，而不是叫你去交了钱再给你讲或看。尤其对于我们这样的服务企业，绝对不能讲霸气，世界上哪有强买强卖的企业是搞成功了的。

第二，关键要把物业服务与其切身利益关系搞清楚。我们与业主沟通的最大目的，就是让业主明白，我们是干什么的，为什么要这样干，这样干对业主到底有哪些好处，还有就是为什么要收费，为什么收这么多，这些费用最后开支到哪里去了，这些开支对他们又有什么必要，等等。

第三，一定要注意交流的方式方法。我们都知道形式是为内容服务的，但不讲形式也是不科学的。好的形式是可以烘托内容的。比方说，我们完全可以在业主接房的时候，搞一个业主第一次开门的剪彩仪式，把只能在电视上看到领导剪彩，变为活生生的业主剪彩，还给他们拍成录像，在客服中心播放，让业主也有机会当一回咱们的领导，那业主的感觉该有多好啊！现在许多城市都不准燃放爆竹，我们就放一些气球在房间里，让业主一开门就踩个"六六大顺"，业主能不开心吗？我们不是常说人心都是肉长的吗？人一高兴了，什么话都好说啦！

我曾先后在三家大型物业公司担任总经理或高级顾问。尽管也称得上是所谓的高管人员，但每次向业主交房，尤其是遇到一定的矛盾时，我一定会争取到场直接参与。我深刻地体会到，这是我们与业主交朋友的好机会。很多哪怕是一开始曾经和我有过争执的业主，最后都成了朋友关系，让我永远感到欣慰！

总之，我们一定要把向业主交房当成是难得的交流沟通机会，要千方百计地抓住这个机会，可别浪费了宝贵资源！

员工的满意度为先

几乎所有的物业服务企业，都会有业主满意度的考核，而且是一项非常重要的指标；几乎所有的物业企业，都有提升业主满意度的各种举措，甚至可以说名目繁多。

但是，我们也应当看到，几乎很少有企业会认识到一个道理，即如果没有员工对企业的满意度，最终是不会有业主的满意度的。为什么呢？

这是因为，业主的满意度必须首先来自企业员工为他们提供的服务，这是一个大前提。那么，我们现在来做一个假定，假设某个员工因某种原因对企业不满意，但企业又有明确的规章制度，规定必须对业主提供优质服务，比如说其中之一就是微笑服务。如果这个员工一肚子怨气，他那个微笑能笑得自然吗？若换成咱们自己，你能带着怨气笑得灿烂吗？

我们还要经常分析，员工到底在哪些方面对企业存在着不满情绪。说到这里我又要插一句话，我们现在经常有些企业负责人说："我都给你发这么多钱了，怎么还不满意呢？你们到底想干什么呢？"其实这位负责人应当首先问问自己，难道这个世界上无论什么事都是一个"钱"字能够解决得了的吗？

一般来说，员工对企业是否满意，主要由以下一些因素决定：一是企业是否具有可持续发展的前景。员工可以也能够做到与企业共拼搏、同甘苦，但企业必须要让员工看到"打完土豪以后有分田地的希望"。否则，员工的满意度是不能持久的。二是员工自身是否具有发展平台。说实话，我在当总经理的时候，给员工发放的薪酬在同一地区业内并不算最高，但大家愿意跟着一块干，就是因为他们感到了有一种为今后打底子的期望，同时这种期望正在一步一步向他们靠拢。比如，很多企业都是花了不少力气去办 ISO 认证，甚至有的企业认证后就把它束之高阁，仅仅当做企业的一块招牌来用。而我

决定由公司出资，让每一个管理层员工通过学习考取内审员资格证书。结果是有了一大批应用这种知识成果的人，企业哪怕不取证，实质上却做到了真正按照 ISO 的标准程序开展工作，员工也感到自己又积累了经验与知识，为今后的发展打下了基础。

再就是一定要给员工展现自己的平台。我曾经鼓励员工多读书，并写出读后感。然后把每一位员工的文章，以××"作者"而不是××员工的名义，汇编成册，再发给每一位员工。结果他们拿回家后，亲人们看了，都没想到自己家里居然还出了作者，很是高兴，对员工的鼓励，那可比领导发了奖金管用！这不也是一种员工对企业满意度的表现吗？它也证明了员工对企业的满意度，并非仅仅是金钱才能起作用。

为什么有的企业明明钱发得比别人多，却留不住人，道理就在企业的内部环境一定是出了什么问题。但不论是什么问题，一旦员工出现了对企业的不满，他的情绪肯定要在工作中流露出来，也一定会给工作带来不同程度的影响。这个时候怎么可能让他去全心全意地为业主服务呢？

大家可能都知道，在解放军的部队里就有一个好传统，那就是如果哪一个战士有了思想问题，连队的指导员一定会马上把思想工作跟上去，直到这个战士放下了思想包袱，是不能让他带着思想负担扛枪作战的。

我们倘若连自己的员工都没有沟通好，谈何与业主实现有效沟通呢？

当然，我们与员工之间需要沟通的层面、渠道很多，我这里不可能一一列举，读者只能运用自己的聪明才智去做了。

还有一个事关员工满意度的核心问题，那就是笔者在许多招投标评审过程中发现，一些物业公司为了拿到业务，往往采取压低报价的方式来取得市场份额。当我问及他们，你们这么低的价格，怎么能维持正常的服务品质呢？这些企业的负责人每每都会回答说，要通过降低成本来解决这个问题。表面上看来这似乎没有什么问题，其实问题很大！

我们都知道，在服务产品的生产过程中，并没有太多生产资料的占用。物业公司属于劳动密集型企业。所以，如果说我们要降低成本，在很大程度上仅能靠降低员工的收入水平来解决。再往下说，就是要靠降低员工的平均社会收入来取得业务。这样一来，尽管我们可以靠理想教育维系员工对工作、对企业的热爱，但长时间这样下去肯定是行不通的。毕竟，我们的员工要在生活资料市场上支付必要的开销，这方面他的压力会转移到工作质量

上，这是一个不可辩驳的事实。

我们还应当看到，员工的满意度有许多层面。

比如一项制度的执行过程中，一些环节的处理有问题，就很可能伤害员工的积极性，甚至引发人才流失。我曾听说，一家很大的物业公司，买了一批扫帚，由于市场价格变动，每把比原来贵了5分钱。企业负责人已经签字同意了，可是管财务的企业负责人夫人硬是不予报销。这样类似的事情搞了好几次以后，很少有人再愿意到这家公司任职了，企业也就一天比一天萧条。实际上这家公司的薪酬水平绝不比别的公司低。

再比如员工食堂办得好坏，看来是小问题，其实不然。我在一家大公司担任高级顾问时，就曾发现，有的员工之所以不愿意调到另一个项目去，就是因为听到那个项目的人经常抱怨食堂办得太差了，饭都吃不好。

还有就是经常听到一些员工讲，某某负责人很凶，大不了不给他干了，等等。

当然，要是细说起来，关系员工对企业满意度的方面还有很多，我们这里不能一一列举，姑且略举一二做个例证，供大家参考而已。

春节联谊会的联想

我发现，很多物业企业的春节联欢会都要把业主委员会的成员或者业主代表，邀约来一起参加，这的确是一种很聪明的做法。

一般而言，物业公司都会举行各种各样的业主座谈会，这似乎已经是行业的惯例了。但是，不知道您发现没有，不论物业公司与业主之间召开的是何种座谈会，都或多或少地有一种隔阂存在。因为这类会议总是针对一定的问题而召开的。

如果借用春节团拜会、联欢会的形式，邀请业主来参加，那性质就完全不一样了——按照咱们中国人的习俗，这可是家人团聚的日子啊！在这样的日子里大家济济一堂，其乐融融，哪里还有什么隔阂呢？这不正是我们物业管理人员和业主沟通交流的大好机会吗？

再如果我们每年春节都要约请一批业主来参加，累积下来也不简单呀！我专门做过调查了解，凡是参加过物业公司春节团拜会的业主，对物业公司的感情都明显发生了深刻转变，他们会像一家人那样，真诚地给物业公司提出很多好的建议，其他业主对物业公司有误解时，他们还会出面做解释工作，这可比我们自己去解释有力多了！

我也有过这样的经历，一家物业公司的春节联欢节目准备得非常好，很多节目甚至可以说一点也不亚于专业水准。我曾建议他们主动邀请政府主管部门和一些业主代表来一起联欢，但遗憾的是，他们认为这是企业内部的事，请外面的人来不太好，于是就花了很大的开支，搞成了一台虽然精彩却是孤芳自赏的晚会。我认为，这家公司起码是浪费了完全可以充分利用的宝贵资源；而且，他们从骨子里就把业主当成了"外面的人"，所以，无论这家公司的各级领导怎样经常强调，员工要和业主之间实现亲密的沟通交流，其效果都不理想，说到这里，大家应该明白根源在哪里了。

我们不妨回顾一下历史，在战争年代，无论红军、八路军还是解放军的文艺联欢，不是都有咱们的老百姓在一起吗？都说那时候的党群关系、干群关系、军民关系恰如鱼水关系，这难道说没有事物之间的必然联系吗？毛泽东曾经非常形象地指出："我们共产党人，好比种子，人民好比土地。我们到了一个地方，就要和那里的人民结合起来，在人民中间生根开花。"如果我们连一个春节联欢晚会都害怕，或者说不愿意邀请业主一块儿参加，至少在主观意识上和业主之间有一种隔阂存在。我在和这家公司的接触过程中也发现，他们办的很多事情都很吃力，有的时候甚至费力不讨好，尽管他们是一家中央国有企业。

我自己就有一次亲身经历。一家美国大公司的技术总监，举家住在一栋别墅里，由于其家人在这里举目无亲，常常感到很寂寞，正好物业公司要举办春节联欢会，我就邀请了他们一家人参加，并和这位老外的夫人一起，分别用汉语和英语演唱歌曲《友谊地久天长》，结果他们一家人都兴奋得不得了，其夫人专门乘飞机去北京王府井定做了旗袍，先生还抽空亲自给我们指挥该怎么做手势。联欢会后，他们马上告诉大洋彼岸的亲友，这是他们在中国过的最愉快的春节，本来马上就要搬走的他们也决定不走了！

另外，咱中国人不是有句老话叫每逢佳节倍思亲吗？而且还有一个习惯，那就是每逢春节的时候，大家见面交往一般都只讲好话，即使过去曾经发生过一些不愉快的事，也会一笔勾销，既往不咎了。大家想一下，这难道还不正是我们与业主之间深化交流沟通的好机会吗？

春节是中国人特有的民族文化形式之一，它的作用非常凸显。连中央电视台近年来的春晚，都上了一些"大衣哥"、农民工的节目，咱们一个物业企业的春节联欢晚会，难道还要把作为我们衣食父母的草根业主排斥在外吗？

老外凯瑟琳的故事

凯瑟琳何许人也？一名德籍女士，50岁开外，说得几句汉语，还算将就。好在她手里总拿着一本德汉电子词典，不懂的她就写上去，还挺灵的，好像随身带了个翻译。

我和她约好中午1点钟在老树咖啡店见面，还差5分钟时我在门口接她，没想到他还真就一秒不差地来到我面前。气得我真想骂一句：刻板的德国老修女，你就不能提前哪怕5分钟吗？

凯瑟琳称咖啡味道纯正，牛排也烤得地道，就是重庆啤酒的味道跟德国的不太一样。接着她又说，你们的泳池管理得还不错，就是药味太重，这在德国是不行的。还有你们的泳池里飘落的树叶超过了3片。我的姑奶奶！我问：这树叶影响您游泳了吗？她说没有，但这是国际标准。我不吱声了，内心很佩服她居然游个泳还要求达到国际标准，真是太累了！

回来后细想起来，她还说得真有些道理。

凯瑟琳的故事还让我想到，现在的涉外小区越来越多，我们物业管理人员与老外打交道的机会也日渐增加了，仅仅靠几个员工讲一点英语已经大大不够了。那么，我们在日常物业管理服务中究竟应当怎样与外籍人员交往呢？我认为，主要必须抓住如下几点：

一是要以平常之心对待，不要很刻意地去讨好，简言之就是要不卑不亢，更不能低三下四，奴颜婢膝。比如，我们管理的一个高尔夫花园别墅区，住了一户老外，他是中外合资企业的技术总监，怀疑家政保洁员偷了他的钱包，

后来我们在他家的狗窝里找到了,我们对此并非找到了就完事了,而是坚持让他给我们的保洁员道歉,保持我们员工的人格尊严。结果这个老外还成了我们的好朋友,春节联欢晚会上他的太太还和我一起演唱了歌曲。他还动员他的朋友们都住到这个小区里来,说这里的服务特别好,他住着很舒心。

二是要着重关注他们的生活方便问题。这是比一般对外礼仪更重要的事。一个老外曾经向我抱怨,她乍一来到这个内陆城市,连超市在哪里、药店在哪里都不知道,明明很近,还要打的士,可是的士司机又听不懂她说啥,和北京、上海等城市比起来,感到非常不方便。她还说,能不能让物业人员帮助我们这些老外叫一下车,再就是能不能给我们一份标注了英文的周边的商贸等情况的简要地图,以及车站的基本情况。我们住在小区里,很多事情需要就近解决的,你们那个全市的地图,是不起作用的。你看,这个老外说的话,难道没有道理吗?这不是眼前我们最需要,更是他们最需要帮助的事吗?我们帮助他们把这些事儿解决了,要比用礼貌用语实际得多。

三是在重点时段要给他们以必要的关注。老外那些五花八门的节日我们不去说了,问题是我们中国人自己的重大节日里,老外往往感到比较孤寂。有一年春节,我们在联欢的时候,邀请了一些外籍业主参加,他们都感到特别有趣,有的夫人还专门坐飞机到北京王府井定做了中式服装。他们都说,以往一到中国的春节,他们就感到仿佛被人扔到了荒岛上一样,这一次却感到特别的亲切。

四是一定要注意,在和老外打交道的时候,哪怕彼此之间都很熟悉了,他们也不喜欢像咱们中国人中的很多人那样,显得非常亲密。他们比较喜欢人与人之间保持一定的距离,而且特别看重个人的隐私,不像我们一些人,别人的尤其是朋友的什么事都喜欢打听明白,这一点千万要注意。否则,就有可能搞得彼此之间十分难堪。

五是把一些与他们相关的法律法规,以及当地的人情习俗善意地告知他们。一般来讲,老外比较注重法律,也比较尊重当地习俗。我在和他们打交道时发现,有时候他们还会非常认真地把这些他们不十分了解的东西记下来。

六是可以搞一些中英文对照的生活小册子送给他们,并且告诉他们,出门在外若有什么麻烦可以给物业客服中心打来电话寻求帮助,等等。

现在我们的社会越来越开放了,随着外籍业主或住户的日益增加,我们也应当越来越重视和熟悉这方面的交往才行!

业主文化大有作为

咱们可别小瞧了今天的业主,他们当中可是藏龙卧虎。随着人们生活水平的日益提高,业主当中不少人的各种文艺爱好也越来越多,这就是蕴藏在业主群体中的文化资源。我们要是能够把这些资源开发出来,再用来为业主服务,那肯定是一举几得的事。如果我们把这种资源白白浪费了,那我们可太没文化了!

我自己就曾在所服务的小区内,先后挖掘出两位知名书法家和一名市级金牌游泳教练,并通过他们在近年来成功地举办了很多期少儿书法培训班和游泳培训班,不但业主高兴、孩子们高兴,物业公司的全体员工也高兴,因为大家都增加了收益。

开始的时候,办公室做的海报上写的是某某物业公司将要举办书法培训班和少儿游泳培训班,每个学员收多少钱等,后来被我改为某某著名书法家和某某知名教练要办什么班,每个学员收费标准是多少等。因为这样就会避免给业主带来误解,好像这家物业公司纯粹是为了收钱才办这些培训班的。而且这样做还规避了物业公司可能承担的风险,但物业公司的合理收入也并未减少。

现在我也不说那么多,仅把我代为起草的保利重庆物业的做法,抛砖在此,以供参考。

融汇业主就是融汇市场需求

——关于如何在业主中开展群体文化活动的初步设计

一、宗旨

根据国学进社区,把"亲情和院"企业理念通过业主群体的文化活动深化、延伸开来,把业主中的文化资源挖掘出来,使其与企业文化形成有机结合,并发扬光大,让"自在之物"变为"为我之物"。

二、现状

根据公司领导的指示,经过春节前后对高尔夫、香槟、江上明珠等部分项目的调研,可以确定这样几个要素:①业主中的确有这种需求;②业主中的确有这种资源;③各项目部的确有这种意愿和构想。

三、内容

根据业主在小区内的生活习惯这一特点,一般可组织以下活动内容:①书画摄影类;②器乐歌舞类;③健身武术类;④创作朗诵类;⑤业主联谊类(如外籍业主联谊会)等。

此外,还可以开展一些诸如青少年暑期专题作文比赛(题目需与家园文明建设相关联),以及借助业主中的师资为广大业主,包括我们的员工讲课(甚至就让他们讲怎样搞好物业管理服务)等。但主题应当始终围绕渲染保利企业文化,尤其是"亲情和院"理念为中心。任何人不得有违背主题的任何题材、以任何形式作为反衬来达到其他目的。

四、组织

1. 先开展真正有力到位的宣传工作(周期至少30天),宣传得越成熟越好。然后再来一个停顿期,让这些有爱好的业主感到"技痒",时机即已成熟。

2. 拟订试行章程,其中包括人员要求、开展活动的基本政治标准、时间安排上的要求等。

3. 由各项目落实,实行业主自愿报名,分类填表登记,并承诺相关章程。

4. 在人员相对较多的小区,先行开展初始化的活动,并把活动情况通过图片等方式展示到其他项目上去，实现激励，以点带面，推广开来。

5. 在各项目选拔人才，组建保利重庆公司各专项活动队伍，开展可持续性的业主文化活动。

6. 各项目在准备工作之初，一定要事先向街道、居委会等社区组织报告，一是取得他们的支持；二是先声夺人，扩大我们的影响；三是可以利用他们帮助开展社区活动的经费资源。待具有一定规模后，再向区、市文化管理部门汇报，申请一方面得到更大的支持，另一方面扩大物业企业文化的知名度和企业的美誉度。

7. 公司员工队伍中的人员要素一定要适当地融合进去，形成有机结合，尤其是带动和引导作用。

五、方式

1. 打出保利物业业主的旗帜，如"保利物业业主太极拳队"、"保利物业业主健美操队"、"保利物业业主书画摄影艺术团"、"保利业主歌唱艺术团"等。

2. 主动帮助这些团队与外界如社区取得联系，以便他们有机会外出展现自己的风采，同时也展现了我们保利物业的企业文化。

3. 根据现在的政策规定，在时机成熟时，我们甚至可以建议他们申报合法社团组织。

4. 在孵化期间，由地产公司给予一定的扶持，如旗帜、服装的配置，组建初始期业主中的骨干组织人员的交通、就餐等开支。

5. 先易后难，先把容易上手的活动项目开展起来，逐步拓展，服务中心有什么具备条件的，就先上什么，要各具特点地抓，成熟一个建立一个，切不可眉毛胡子一把抓。

6. 物业公司成立由综合部牵头（建议由汤东担任）的专项工作领导小组，负责此项工作全面开展，并把此项工作的开展情况，作为今年年底考核奖励的加分条件。

7. 在公司的一些诸如开盘、交房等营销活动时，邀约业主的相关表演团队参加，让购房者或接房的业主能亲眼看到他们即将享受到的文化生活。

8. 先从小型化做起，不忙于贪大求全，然后逐步开展项目互动，到各项目上去表演，以吸引更多的有各种才华的业主主动要求参与。

9. 开展适度引导，比如开始时，由公司邀请一些书法家、画家来小区设展,现场献艺(这是不用花钱或费用很少的)等。

10. 定期总结经验,不断完善提高,要逐步做到组织得起来,演得起来,拉得出去,打出响片,造起声势,形成影响,树起旗帜,建起阵地。要在重庆市打造出业主与企业文化水乳交融的、独具保利特色的一片天。

要让我们的服务可视化

我们物业管理服务过程中,有许多"看不见的战线",业主可能根本就不了解,甚至很多年下来,他们只是知道一切正常,只看到有保安、保洁,如果一些业主家里没有什么报修,他们甚至会认为哪里有什么维修啊,我们不是一切都正常得很嘛!而恰恰我们的很多工作,譬如设备设施的日常维护保养,水房、电房、设备房里的紧急抢修,等等,又是业主平常所看不见的,这就难免产生误解了。

所以,我们应当把这些看不见的战线,在适当的时候予以"解密",千方百计地让业主明白才行。怎么做呢?我认为应当从以下几点抓起:

第一,要把诸如水泵房、发电机房、配电房、监控中心等业主不太了解的地方,拍一些我们的工作人员正在操作的实景照片,在适当的位置予以宣示,让业主了解。

第二,可以组织业主,甚至可以利用学校放暑假的机会,组织学生参观上述部位,主动让业主了解我们的工作状况——就当我们是保姆,主动让主人家了解一下我们的工作,有什么不好呢!

第三,要把我们做的某些工作可视化。比如,灭鼠之前的宣传,鼠药释放点的标识,每次灭鼠的阶段性成果等,都要让业主知晓和看得见。又比如,业主反映小区夏季蚊蝇多,我们很多企业往往采取药物消杀。可是一阵风过去,药性基本就没有了。而且,尽

管我们还花了不少钱,用了不少工,但业主还不容易知晓或看见我们的服务。广州不少物业企业,都是采取在小区里安装一定数量的灭蚊灯,一是实际灭蚊效果好;二是业主看得很直白,也就认同了我们做的事情。所以,我们常说,与业主的沟通是全方位的、多层次的、多种方式的,并非就只能是坐在一起通过对话的方式来解决。正是从这个意义上来讲,物业管理工作完全可以说是一种充满了艺术性的工作。

有效沟通,必须是讲究艺术效果的沟通。把我们的工作尽量做到可视化,也是一种必要的艺术展现力。

附:

教师节的问候（摘自《保利物语》）

在第28个教师节来临之际。高尔夫花园服务中心根据高总经理提出的"将业主群体细化,将节假日活动办得更有针对性"的提示,为所有教师业主送上了鲜花,用最朴实的方式向辛勤耕耘、无私奉献的教师们送上保利物业人最诚挚的祝福。特别是一些退休在家的老教师,非常感动,他们说,没想到保利物业还会想到他们。通过这些业主流露出来的惊喜,提醒了我们今后更要科学、合理地去利用好每一个节假日,这也应当成为我们"亲情和院"企业理念的具体和细化展现之一。

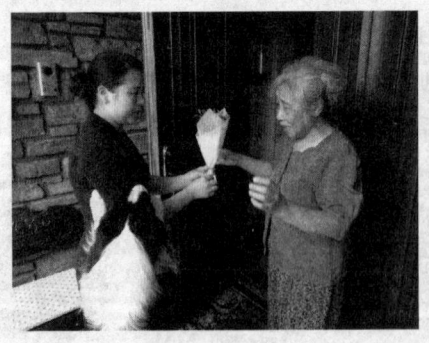

安慰剂的启示

记得小时候曾经读过一本《上海滩的故事》，其中一个故事说的是当时有个美国骗子叫艾罗，从大西洋彼岸来到黄浦江边，想来捞一把世界。他听说当时有不少人神经衰弱，睡不好觉，就打起了歪主意，配制了一种叫做艾罗补汁的所谓专用药，还在广告中把它吹得神乎其神。尽管这个"药"绝大部分成分都是蔗糖，也就是老百姓说的红糖水，可有的病人用了以后还真起了一些作用。骗子艾罗于是又借助于这些人进一步在报上鼓吹，很快就扩大了"战果"，赚得个盆满钵满。后来有人揭穿了艾罗补汁的骗局——在医学上这叫做安慰剂。

实际上，安慰剂是20世纪一个叫古尔的药剂师偶然发现的。有一天，一位顾客执拗地要买一种必须由医生处方才能卖的药。古尔被缠得没了办法，就顺便给他拿了几粒没药性的糖衣片。几天后，那个顾客又来了。古尔吓了一大跳，以为是来找麻烦的。可没想到，那个客人对古尔大加感谢，说是治好了他的病。古尔经过思考，认识到了安慰剂的作用。用心理学的观点讲，这也含有自我暗示的心理疗效在内。

其实，在现实生活中，人们都是需要安慰的。试想人的一生，大的不外乎生老病死、婚丧嫁娶、读书就业等。我们的业主同样要遇到类似问题。如果我们在业主最需要的时候，能送上一份温馨的安慰，那该是什么样的感觉呀！你看：

当业主家里有小孩出生了，我们去表示衷心的祝贺。

当业主家的孩子入托、入学时，我们去表示关注，甚至从各种渠道了解一些关于某所托儿所、幼儿园和学校的基本情况，主动告知家长。

当业主的孩子考上了中学、大学时，我们主动向其表示祝贺。

当业主家里有人生病住院的时候，我们主动送上一份温馨的安慰，这种关怀不比什么都好吗?

当业主家里有红白喜事儿的时候,我们主动上门帮忙、慰问,业主心里会是什么样的感觉呢?

总而言之,只要业主家里有事情发生,我们就会适时地出现在他们面前,他们就一定会感到温暖。久而久之,就会信任物业人员。

杜甫在《春雨》中写道:"好雨知时节,当春乃发生。随风潜入夜,润物细无声。晓看红湿处,花重锦官城。"我们对业主的慰问,就要像春雨那样,是随风而入,是润物无声。

什么叫做体贴入微?我认为,恰当的安慰,也是细微服务的一种非常重要的表现形式。这同时也告诉我们,安慰也要分清场合、人群、时间才行。比如对正在生病和生病后痊愈的人,我们的慰问方式和语言就应当有所区别,否则就达不到理想的效果。

业主结婚,物管上门送花祝贺

安慰活动实际上也是我们与业主之间建立友好感情的过程。

要学会四两拨千斤

凡是练过太极拳的人都知道四两拨千斤的道理。

太极拳的竞技讲究的可不是硬碰硬,贯穿其整个思路的,恰恰是一种借助于对方的力道,而自己只用并不太大的巧劲,就能克敌制胜。有时我想,太极拳与其说是一种武术,倒不如说他还是一种文略呢!

凡是学过武术的人都知道,世界上根本没有也不可能有一种绝对无敌的拳技。任何一种拳术都有它的进攻和防御弱点。而太极拳的精妙,正在于不断地寻找对方的软肋;甚至,用太极拳迎敌的高手,就喜欢对方情急之下招招使出狠劲,不断出硬招。因为他还就等着这个劲来呢!

凡是打硬拳的人,最关键的就是那几个硬招。

《孙子兵法》上讲的"不战而屈人之兵",就很有些打太极的味道在里面。

我们做物业服务的,也会遇到各种各样的矛盾,甚至非常尖锐的矛盾。这时就一定要冷静面对,寻找矛盾的焦点和解决问题的突破口,一般应当详细倾听、耐心询问问题的来龙去脉,经过仔细推敲找准问题的根源,并与对方先站在一个角度上反复商讨解决的办法,再利用我们所掌握的实践经验和法律法规等综合知识,不断地启发对方以多元思路逐渐与我们达成共识。

太极功夫四两拨千斤的奥妙,难道不可以让我们从中悟出一些做物业服务的道理来吗?

又比如,笔者曾参与管理的一个高档山地别墅区,因为整个周界长达十几公里,且地形复杂,林木茂盛,100多名队员分布开来都少见人影,安全防护十分困难。开发商为了加强安全防范,分别给每一栋别墅又加装了监控设施和高压围网。可是,由于初期物业管理服务不到位,致使很多业主在自家花园改造时都破坏了围网。而这种围网是整体控制系统,一旦其中一户断开,整体功能也就随之瘫痪。恰恰在围网被大量破坏后,盗案又屡屡发生,甚至一年内就连发14起。被盗的业主为此连续拒交物管费,进而要求赔偿,而当时的物业项目负责人仅仅出于息事宁人的态度,就以免交物管费或部分赔偿的方式来暂时解决,结果影响到其他业主,一有类似情况就要赔偿,弄得不仅当期收费率和业主满意度大幅下降,企业声誉也严重滑坡,把物业公司逼到了困难境地。

这就是由于物业公司一开始没有把控住底线,对个别业主进行了退让,导致最后自己的被动。后经物业公司反复向开发商报告,迫使开发商又投入600余万元,重新加装防护网。这无论对于业主还是物业公司,不都是好事吗?可是问题又来了——很多业主都不同意恢复围网。有的人说是就像被关在监狱里面,有的外籍华人业主甚至写来书面函件,称其是爱鸟人士,万一鸟停在上面触电怎么办(其实我们都知道,鸟儿停在一根电线上,即使超高压,也不存在触电问题),等等。

其实根源只有一个,那就是这些业主在私家花园的改造过程中,都不同程度地侵占了公共区域。正好在这个时候,又相继发生了几起盗案,业主们引起了恐慌,加之派出所也发出了安装围网的书面要求,借此机会,我们多次向全体业主发出书面报告,因势利导地讲明问题的利害关系。结果,包括原来极端反对恢复围网的业主都迫切要求赶快安装了,有的业主还说,要是谁反对,我们就去找他,让他承担今后万一出现问题的责任,看谁敢承担?就这样,围网恢复的问题也就迎刃而解了。

这就是因势利导的作用,也包含着四两拨千斤的道理在里面。

附　　录

《红楼梦》与物业管理

《红楼梦》里的大观园，用今天的眼光看来，也绝对称得上"超豪华"物业。

你看，进得园门，"只见正门五间，上面桶瓦泥鳅脊；那门栏窗槅，俱是细雕时新花样，并无朱粉涂饰；一色水磨群墙，下面白石台矶，凿成西番草花样。左右一望，雪白粉墙，下面虎皮石，随势砌去，果然不落富丽俗套。"再开门进去，只见一带翠嶂挡在面前。贾政道："非此一山，一进来园中所有之景悉入目中，则有何趣？"接着，穿过石洞，"只见佳木茏葱，奇花闪烁，一带清流，从花木深处曲折泻于石隙之中。再进数步，渐向北边，平坦宽豁，两边飞楼插空，雕甍绣槛，皆隐于山坳树杪之间。俯而视之，但清溪泻雪，石磴穿云，白石为栏，环抱池沼，石桥三港，兽面衔吐。桥上有亭。"

出亭过池，"忽抬头见前面一带粉垣，里面数楹修舍，有千百竿翠竹遮映"，"入门便是曲折游廊，阶下石子漫成甬路。上面小小两三间房舍，一明两暗。""从里间房内，又得一小门，出去则是后院，有大株梨花，兼着芭蕉。又有两间小小退步。后院墙下忽开一隙，得泉一派，开沟仅尺许，灌入墙内，绕阶缘屋至前院，盘旋竹下而出。"

大观园内并非仅有矮平房，也有"高层建筑"。请看："大家出来，走不多远，则见崇阁巍峨，层楼高起，面面琳宫合抱，迢迢复道萦纡，青松扶檐，玉兰绕砌，金辉兽面，彩焕螭头。"连贾政都说："太富丽了些。"

管理这个高端小区的"物业公司",就是"王总"——王熙凤领导的"大观园物业管理有限公司","王总"实行的是有"凤辣子"特色的岗位责任制,而且是直线式领导体制,凡事必须躬亲,二两银子以上的事都得她拍板才行。她搞"物业管理"可还真有两把"刷子"。

首先,她在内部管理上坚持做到了人有岗、岗有责、有奖有罚,打破了"公有制"下的大锅饭,端掉了铁椅子、铁饭碗。且看《红楼梦》第十三回:"凤姐儿来至三间一所抱厦内坐了,因想:头一件是人口混杂,遗失东西;二件,事无专玩执,临期推诿;三件,费用过费,滥支冒领;四件,任无大小,苦乐不均;五件,家人豪纵,有脸者不服矜束,无脸者不能上进。"于是,凤姐儿即命彩明钉造册簿,要家口花名册查看,又吩咐道:"这二十个分作两班,一班十个,每日在内单管亲友来往倒茶。这二十个也分作两班,每日单管……这四十个……"。把个岗位责任制,或者我们今天说的标准规范之类的,真个叫落到了实处。像荣、宁二府这么大的物业小区,而且是真正的管家式服务,若没有这"凤辣子"的精心管理,也许早就玩完了。

凤姐儿病后,就引出一个比她还要更高层次的精明主儿来,那就是"第二代物业管理者"贾探春——"贾总"。她连王熙凤订的旧规矩亦敢于推翻。探春道:"凡爷们的使用,都是各屋领了月钱的。环哥儿的是姨娘领二两,宝玉的是老太太屋里袭人领二两,兰哥的是大奶奶屋里领。怎么学里每人多这八两?原来上学去的是为这八两银子(注:指前面说的"点心钱")!从今儿起,把这一项蠲了。平儿,回去告诉你奶奶,我的话,把这一条务必免了!"(见《红楼梦》第五十五回)

如果说"王总"推行的是岗位责任制,突出了"凤辣子"的厉害,"贾总"实行的则是经济承包制,更近了一步。书中第五十六回《敏探春兴利除宿弊,识宝钗小惠全大体》就详细描述了她把"蘅芜苑中的香料香草儿"、"怡红院中的春夏两季玫瑰花"、"还有一带篱笆上的蔷薇、月季、宝相、金银藤,这几色草花,干了卖到茶叶铺药铺去,也值几个钱"。加上把荷塘鱼藕分包给婆子们种养分利。以致众婆子听了这个议论,又去了账房受辖制,又不与凤姐儿去算账,一年不过上缴若干吊钱出来,个个欢喜异常,都齐声说"愿意"。而且关键在于大大降低了贾府的管理成本。

试想:若凤姐儿、探春生活在今天,肯定是物业管理行业中的高级白领!物业管理说到底,就是责任心后面紧跟着一个"细"字。当前不少物业管理企业常念"亏"字经,难道凤姐、探春的做法不能给我们有所启发吗?

每当听到一些人说起,或者看到很多教材上也都说物业管理是什么起源于英国,我就觉得不对劲。不信请看《红楼梦》,在三四百年以前,"王总"和"贾总"早就把物业管理玩转了。

(本文发表在《重庆物业管理》2003 年第 1 期)

关于物业管理的哲学断想

一、物业服务中的对立统一规则

世界上的任何事物都处于既对立又统一的关系之中。物业管理服务过程中所涉及的方方面面亦然。首先，这种关系是多重的，或称多角度的或多维的，主要表现为：

（一）开发商与物业管理者

对于一个物业项目而言，开发商总是希望通过较为完善的物业管理服务，延伸自己的品牌效应，从而进一步拓展市场，进入扩大再生产阶段，而不是仅仅完成简单再生产；而物业管理企业则希望从对一个新的楼盘（或其他物业形态）的规范化、专业化、标准化管理服务，来谋求业主（其中当然包括开发商），尤其是前期物业管理来实现物业管理企业自身由简单再生产到扩大再生产的目的。也就是说，在追求品牌效应这一目标上，无论从哪个角度出发，都由于利益共同点的驱动，开发与物业管理的目的应当是一致的统一体。但是，在这个统一体中，由于各自维护自身利益的需要，其认识事物的角度有异，又会导致对立倾向。譬如，开发商为了满足自身降低成本（甚至是完成原始积累）的需求往往出现人为忽视工程质量的状况；在现实生活中，我们时常会遇到有的开发商减少必要配置，不能有效地控制建筑产品质量，以至业主对产品质量提出异议时，开发商又推诿于物管方面"协调"，引发业主对物管的不满；而有的物管公司则亦从自身降低成本，实现利润最大化的目的出发，要求开发商尽量完备建设项目，甚至把开发企业的一些弊端公之于商品房消费者即业主，从而导致开发商与物业管理公司的矛盾冲突，形成对立。甚至在市场中出现了开发商威胁要炒掉物业管理公司的现象。

（二）业主与物业管理者

这一矛盾与生俱来：有业主即有物业管理需求，有物业管理必有对业主的服务。从本质上看，是天生的统一体，是利益目标的共存者。而且统一是主流,是矛盾的主要方面。"在一组矛盾中,必有一对是主要矛盾,其他的则是次要矛盾";"主要矛盾解决了,其他矛盾(次要矛盾)也就迎刃而解了"。在现实工作中,我们一定要清醒地认识到,物业管理企业与业主的利益方向是一致的。很多物业管理企业之所以提出"业主至上"、"业主是我们的衣食父母",正是基于这个共同的利益基础。即使在工作中出现了一些业主对我们工作暂时的不理解、不支持,甚至唱反调,都是可以理解的。"矛盾是可以转化的"。在这里,"转化"二字甚为精要,一切都应当努力地向正的方向而不是负的方向、向良性的而不是非良性的方向转化,才算取得了工作中的哲学妙意!

(三)业主之间

我们在论及业主与物业管理之间的矛盾时,往往容易忽略业主之间的矛盾。在一个物业区域内,业主总是由不同类别的个体人所组成,这必定是一个"跨文化"的群体:其年龄、性别、文化程度不同,民族、籍贯不同,职业不同,心理气质更非一致。在对待许多的物业管理"游戏规则"方面,其价值取向更是各不相同。所以,业主之间的矛盾亦是先天存在的。这种矛盾解决得不好,就容易为人别有用心的人所利用。再就是物业管理服务代表和维护业主根本利的、长远的利益,那么一些只顾眼前一己之利的业主,就会出于私心而悖行于大多数业主共同利益所制导的公众制度。这既给物业管理者带来了一定的麻烦,也触犯了广大业主的"众怒"。一些物业公司成功地依托"业主大会"的议事权,因势利导地解决了少数、个别业主的"悖行",正是巧妙地运用了这一正确处理人民内部矛盾的方法。

再就是业主与"业委会"(即"业主委员会")的矛盾。目前业内出现了一种趋势,即业主与"业委会"的矛盾日益彰显;很多业主甚至出现了同情或支持物业公司,痛斥"业委会"炒掉物业管理公司的做法,有的地方甚至出现了业主弹劾或干脆炒掉"业委会"的现象。比如,重庆某地区还发生了业委会主任不想干了还"下不了课"的尴尬局面。

这些矛盾都值得我们重视和研究,并力求其向好的方面转化。

(四)业主与开发商的矛盾

这一矛盾往往被业主与物业管理公司的矛盾所掩盖。这是由于运作机制所导致的:一方面,一些开发商委托物业管理公司代其向业主交房,使业主误认为既然是从物业管理公司手中接的房,理所当然有了问题要找,物业管

理公司成了代人受过的"替罪羊";另一方面,一些开发商在卖出商品房后即不见其人,业主找不到他们了,而物业管理公司则需要时时刻刻与业主交往,业主当然只得逮着谁算谁。现在,有的开发商已明确地承担起了责任,如鲁能集团就明确规定,其开发建设与发售的商品房,必须由开发下属的工程部偕同售房部向业主交房,真正做到了自己的作品直接面对消费者。我们认为这应当是解决开发商与业主间矛盾的正确道路。一味回避,让物业管理公司顶着压力"协调",最终不但会毁了开发商的信誉,而且会"城门失火,殃及池鱼",得不偿失。

二、存在决定意识规律在物业管理工作中的表现

现在人们买房,在性价比的取舍上,已有越来越大的比例在于物业管理的品质了。这就经历了如下几个认识阶段:从没有物管到有物管的转折,有物管与需要更好物管的转折,盲目追求低价位物管到接受合理价位物管的转折,从守楼护院式的管理到品质物管的转变。我们的业主群体趋向成熟了!物质决定意识的规律又一次被印证了。

但是,我们怎样发挥自己的存在,我们怎样利用已经形成的意识资源呢?这仍然是非常值得重视的课题。

首先,我们认为,要发挥物业管理的存在作用,一是在政府层面要完善政策、法规,使其存在按照规范、有序,同时尽可能地在激活行业发展、产生更大的社会资源效果方面做文章;二是在企业层面则必须打品牌战略,在创造核心竞争力方面下工夫。

其次,在意识资源利用方面,现在已经有很多的业主形成了必须接受物业管理服务的共识;有了那么多可供宣传、"灌输"的政策、法规和活生生的案例,我们若不启动、运用这一部分资源,只一味有了矛盾由工作人员去解释,那是多么单一、多么枯竭呀!人们常常抱怨媒体如何倾向于业主,而我们自身又缺少好的报料,不能在意识资源之一的媒体上形成主流导向,又如何怨得他人呢?

《红楼梦》里的王熙凤,从主观意识上,是想把"大观园"这个物业管好的;但客观上她得罪了从王夫人到一大群嬷嬷,她的物业管理尽管是严苛的"岗位责任制",却是失败的,弄得众叛亲离;贾探春接管后实行了"经济承包责任制",弄得大观园里的员工有了收益,物业也管好了,皆大欢喜。

这就说明了主观与客观一定要相融合。物业管理仅仅从主观意识出发，背离了客观现实是要触霉头的。

就拿失窃案件来说，任何物业公司从主观上都不希望它发生。然而，客观上它却难以绝对避免。因为失窃现象从主观方面是一种防范性的工作。既然是防范性的，从质上讲无论物管企业做了哪些努力，对于行窃者来说都是被动的行为。所以，从主观方面无论防范如何周密，都不是绝对的。但我在不少企业的投标方案中发现有"治安案件发生率"为多少，"刑事案件"为零的提法。连公安机关都不能保证所辖地域绝对不发生案件，我们物管企业有能力做到吗？

在物业管理从业人员中，最突出的主客观矛盾反映在主观不能从客观显示的需要出发，而是常常听到诸如："法规是这么定的"、"政策就是这样的"，甚至"我们公司是这样规定的"等非常生硬的回答。这显然有悖于业主群体这一客观存在所决定的意识。我们势必要从物业存在和业主需求存在这一根本利益关系上，寻找出"物业—物业管理"、"业主—为业主服务"之间的共同点或称其为切入点，找出运用社会意识的反作用去解决社会存在中发生的矛盾现象。也就是要找准业主与物业间的利益共同点，实现"精确制导"，许多症结也就会迎刃而解了。

三、普遍联系的辩证观点与物管服务

世间的事物都是普遍联系的。马克思曾经讲过，"人是社会关系的总和"，就是基于人的普遍联系的特性。现代管理学界就有关于"一个人至少有126个与他人的关系存在"，也是一种社会普遍联系的观点。尤其在当今信息社会，人们从媒体、网络上联系的空间更为广阔。一个消息发布，在很短的时间内就可以做到"地球人都知道"。

在我们的物管工作实践中，有许多的因果关系都存在着内在的和外在的各种联系。其间，很多因果现象是互为钳制、互为动力、互相矛盾、互相影响的。这里面的联系从表象上看是在业主与物管之间，其实还涉及政策层面、政府职能部门的作为力度、开发与物管的关系等多方面、多角度的问题。

仅就业主群体来看，也是各种单个的人与人之间的普遍联系的集合，这种集合既有其内涵，又有其深广的外延。比如，一个或一群业主对物管工作的评价，往往会反馈到社会的某一部分人群中去。所谓企业的"口碑"，就

是这种外延反射的结果。

这反映的即是一种互相关联的、互相影响的普遍联系观点。当然，现实生活中互为关联的因素和层面绝非仅仅这几个方面，它是纷繁复杂的、变化的、运动的，并在一定时期内某一个或几个层面起着决定性的主导作用。

我们在物管实践中深切体会到，许多哲学范畴的概念、观点，尤其是思维方法，对实际工作有着重要的现实指导意义。

（彭安绪　高荣江）

北碚人的"悠"点

A. 在北碚坐车，您别像在重庆"城头"那样猴急猴急的，车到停稳，慢慢上，慢慢下。乍到北碚，我不习惯，看到车上人硬要等到在停得四平八稳了才离座，就埋怨：啷个不早点嘛！久了才悟通：那是自个儿有心火，急爆爆地搞习惯了德性。

B. 和北碚人谈事儿，您也别急，慢慢说，保证没谁抢你的话头儿。我的一个老同学在区里一部门工作，他批评我说：你总是那么急匆匆的，也没见你成一件大事儿，啷个都五十几的人了，还恁个不沉稳哟！老同学点拨得对，不悠着点，怎能知天命呢？兴许，梁实秋的《雅舍菁华》就是抗战时期寓居北碚，与朋友那么慢悠悠地谈天说地的心得体会凝聚成册的。

C. 在北碚街头，少见满脸油汗，心急火燎、大步流星"赶路"的人，多半是优哉游哉，漫步而行。但您别误会，他绝对不是慢条斯理，是什么呢？是一种恰到好处，是一种心安理得。和"城头"的人比起来，就好像这里人人都吃了定心丸，不是心头着急脸上装出来的悠，而是安定的生活氛围中自然透出来了那股子悠劲儿。或许，这里的人受了那一座山、那一湾江水的点化，都有些禅意的缘故，特别是晚上，连北碚街头的灯光都是那么柔和。可能是因为空气质量好，透明度特别好，而且不刺眼。

北碚人的这些"悠"点很具有感染力，这不，我就烦了所谓的"城头"那套生活方式，也住进了北碚的康宁路1号。只要一到北碚，心里那个素净！我想这有天文地理原因，当然更要有人文因素。想来陶渊明的"悠然见南山"，还真是一种难得的意境。若有满心添堵的事儿，那两眼还见得着南山吗？

世上的事儿啊，还是悠着点好。尤其咱做物业服务的，在和业主打交道的时候，更应该保持一种平和的心态，遇到矛盾比较突出的事，可千万得悠着点儿。

（注：北碚是明清时代的全国16大名镇之一，也是抗战时期的"小陪都"，现为重庆直辖市的一个行政区）

（此文发表于《新北碚》）

扫 地

说来似乎搞笑，咱们谁没有扫过地呢！你可别笑，当今社会，特别是有的所谓"富二代"中的一些人，可能还真有没扫过地的。

扫地似乎是一件很简单的事。可就为这看似简单不过的事，我小时候真还没少挨训。

父亲一回家，经常叫我扫地。我一心想着去玩，就像我们当年读过的一篇课文《对弈》中所描写的那样，"一心对弈，一心以为有鸿鹄降至"，于是拿扫把胡乱对付一阵就想跑。每次都被父亲给叫住了，他还用手指着，那个旮旯里还有渣滓没扫干净，重来。你可不知道我当时那个气呀！但又怕挨揍，重来就重来吧，没办法。可是我刚对他讲，"这回总可以了吧"，他又不怕麻烦，拖着鞋下了地，一边说着，一边做着样儿：要一扫把压着一扫把地扫，才能扫干净；扫帚头儿千万不能扬起来，不然会把灰尘也扬起来。唉呀呀，真烦！于是，我只好又照做了一遍。他还一边看着一边骂道：浮漂，没出息！

父亲是铁匠出身，后来当了八路军。部队进了北京，首长让他转业去当区长。可他只有一个要求：既然没仗打了，那就还去打铁吧，手艺人嘛。听他的那些朋友喝酒时讲，谁谁练开汽锤，练到了可以把一只手表放在汽锤的底砧上，再盖上一张纸，砧头猛一下来再上去，只把盖的纸吸上去了，手表却完好无损。那年头有一块手表可不简单，没有真本事，谁敢拿人家的手表闹着玩。

父亲早已去世，我也早已不用受他的颐指气使了。可我却深深地记得他让我扫地的事，每当我做一件事，都害怕自己又犯了浮漂的毛病。

（2012年1月6日于重庆鸿恩寺）

要 发 内 力

品质管理的关键是要发内力。不管哪里来检查，也不管是多么严格的检查，那都是外力。如果仅仅是外力在起作用，自己没有发功，也就是缺少内动力，那充其量是做过场，甚至劳民伤财的事，不但于事无补，于我们自己，更只能是学会了虚假应付，而根本没有学到真本事。毛泽东同志曾经形象地比喻，外力就好像温度，我们自身的动力就好像是鸡蛋或者石头，外面的温度条件哪怕再好，你自己原本就只能是一块石头，那是无论如何也转变不成小鸡的。

那么，我们在品质管理方面到底怎样发内力呢？我认为，要符合这样一个流程：自我思想品质的提升——相关知识面的提升——实践应用的积累——自我完善的进步。

为什么首先要讲个人思想品质呢？这是因为，如果你是一个根本就不想在这方面充实、提高自己的人，那后面的事就不用去说了；但如果你是一个高尚的人、有品位的人，肯定会在各方面都比较追求相对的完美；这种追求，也是做人的起码标准，没有这种追求，那就没有人类的今天，我们也就不是"人"了。

我们常说一个人的人品好不好，指的就是这一方面。

人当然不可能是完人，那就需要学习。所谓学无止境，就是指人们为追求完美而不断充实自己的过程。学习包括自我学习、向别人学习两大方面。尤其在品质管理方面，它是一个永远进步的东西，因此我们必须"学而时习之"。属于外力的各级、各方面的检查，就是我们向别人学习的大好时机！我不知道，我们有多少员工会在工余时间读一点关于品质管理的书，包括在网上。泰罗当年就是一个普通工人，可今天谁不知道他。

说到实践，不少员工都有一个认识上的误区：反正我又不是品质部的。错矣！学一点这方面的知识，对你的家庭、孩子、日常生活可都是有用的。实践中学习必须要有一个先决条件，那就是勤于动手，如果芝麻大个事儿也要找第三方，自己没有动手能力，我们还能长出息吗？

其实,做品质就是事关我们自己切身利益的事。因为我们应当向业主提供合格的服务产品,业主才会缴费,如果我们提供的产品不合格,业主不但不缴费,甚至还要索赔,咱们还有饭吃吗?更不要说让钱包鼓起来了。

学过物理的人都知道,高能物理是讲质量的。粒子、原子、分子,虽然那么小了,可都是有质量的。我们人也有质量。我的理解是,"人"字的那一撇就是质,而那一捺就是量。质差了人就会生病;若没有了量,那还有人的存在么?

为了我们自己的存在与发展,还是得好好发内力、练内功!我自己在这方面就做得很不够,讲一段话出来的目的,是想让大家都来帮助我不断提高工作质量,舍此无他。

我很欣赏最近央视播放的一段广告:"品质的背后是品格;品格的背后是品位。"我们要提升物业服务的品质,最基本的是物管人员要练内功、发内力,把自身的品位提高才行。你自己都只有那个品位,怎么给业主提供更高的品质的服务呢?

(2012年元旦)

筷子的故事

筷　折

一件小事儿，挺逗。

"您说哪，这气人不？"张三摆划着缠了纱布的左手二拇指，一边忿忿地说着和一根筷子斗气的事。

"我一顿饭没吃完，它往桌子下边骨碌了三次。三次呀！难不成我一顿饭从头吃到完都得捏着它？可放一次它跑一次。您说要是头尾圆的，咱也知道它滑，可它的一头是方的呀！这不成心嘛。"

"一气之下，我想怎么别的筷子老老实实的，就你这双死折腾我呢！看来不教训你一下是不行的。你这么淘气就别当筷子了。您瞅，我就这么两手一掰，就把它给毙了。"

"可不成想，这小东西还有一股拧巴劲儿，它愣是崩出一尖碴，咬了我这二拇指一口，淌了不少血。您说我这个气呀！你这叫'宁死不屈'呀！"

"我老婆一见我手指头伤得挺厉害，麻溜儿地帮我包上，她还乐了，说什么'你们俩这是谁教训谁呀！'可不，您瞅这事儿办的。"

张三这么一说，我也乐了！

世界上的事啊，不论大小，教训别人，弄得不好反会落个"教训"给自己，您信吗？

筷　梦

没几天，几个朋友又聚在一块儿喝酒，又碰上张三。

他瞅了瞅四下里的酒友，神不拉叽地小声言语："您猜怎么着，前晚我梦见那筷子啦！它还说：

'您不是把我撅折了，让我滚到下三烂里边吗？我告诉您，别瞅着您现在用着的筷子都在厅堂之上，吃饭比您还先过味儿。最后不还得让您扔了，

我不信您还把它们供起来不成？'

'您还说我缺心眼儿。实话对您讲喽，我上一辈子就是心眼儿太多了，才让人拾掇成筷子了么！'

'其实我跟您也一两年了，就想考量一下您的气度。你不是常讲事不过三吗？我就逗了您两次，还没过三呢，您就沉不住气，容不得人，要把我教训成两截，活活让我那口子打了单帮。您当时要换一个心境：这玩意还挺好玩的，怎么老叫我弯腰捡呢！咱彼此之间的感情那还用说，哪天咱不伺候您的一日三餐呢。您在外面人模人样地说什么有容乃大。其实您那小肚鸡肠还没我们筷子粗呢！'"

我只差一点没喷出嘴里的啤酒，"怎么着，张三，您还真的要弄新编《聊斋志异》呀！还筷子精呢。"

"哥，咋给您说呢，这么着吧，我要瞎掰，就不是我爷爷的孙子。虽说就一梦，可梦得太真了。那筷子还说呢，别以为小零物件儿的东西没灵性，那花儿您掐它它还疼得直颤呢。我们从竹子变成筷子，就连做的人的心气都花在我们身上了。您敢说没有？好比画家作画，是把他的魂灵儿都铺展在画上了的，要不人能动不动拍它个百万上千万的。"

我盯了张三一小会儿，这小子不像醉了呀！

张　　三

张三这家伙一天到黑、一年到头常跟我黏糊在一块，像个影子。其实呀，张三就是我，是我身上、我心里边另外一个我。不信您瞧，那受伤的二拇指就在我左手上，还裹着纱布条呢！

（2012 年 1 月 19 日于北碚）

物业企业的文化建设

毛泽东同志说过:"没有文化的军队是愚蠢的军队,而愚蠢的军队是不能战胜敌人的。"

毛泽东同志靠什么赢得了天下?答案是:靠文化。讲文凭,他大专都没毕业;讲军事,他没进过黄埔军校,更别说国外的军校,甚至连枪都不太会打。但是,要讲治党、治国、治军、治民,甚至管理经济界、文化界,他都靠的是自身的文化结晶。我们过去老讲把毛泽东神话了,我认为毛泽东作为一代伟人,他的文化底蕴,难道不值得我们膜拜吗?当年毛泽东同志的《沁园春·雪》,其文采,其气度,连他的敌人也曾为之赞叹。

我们讲企业文化,首先要明白什么是文化。

从字形上看,文化首先要有"文",其次才是"化"。"化"包括化分、化合、化解、融化等。

可别小看这个"化"字,它可是人的"匕首"啊!用好了这把匕首,那可了不得呀,中国共产党的文化匕首就用得最好,鲁迅的文章就曾被毛泽东评价为是刺向敌人心脏的"投枪和匕首"。

按照《汉语大辞典》的解释,文化是人类物质财富和精神财富的总和。按此理解,企业文化就应该是企业物质财富和精神财富的总和。

那么我们就要问,物业企业的物质财富主要在哪里呀?回答是固定资产和流动资产。这些资产又来自哪里呀?回答是来自我们对业主的服务?是谁在为业主服务呀?回答是我们的全体员工。好了,到这里问题的根源终于找到了——我们全体员工才是企业文化的载体,企业文化只有通过员工的各项服务工作才能真正展现出来。

明白了这一点,就便于我们下面的讨论了。下面,我们仅就物业企业的文化建设做一些专项的讨论。

一、物业企业文化建设的架构解析

根据系统论的观点,我们从物业企业文化结构层面上分析,它主要包括如下三个方面：①企业自身运行体系的文化血液；②企业与外部系统的文化交流；③与业主群体的文化融合。

第一种状态：自成体系，互相游离，彼此不容，甚至是一种互相抵触的状况。

第二种状态：彼此沾边，有所接触形成切点，但并未融会贯通。

第三种状态：彼此交融贯通，形成共同文化的融合结晶状况，这是一种最佳状态。

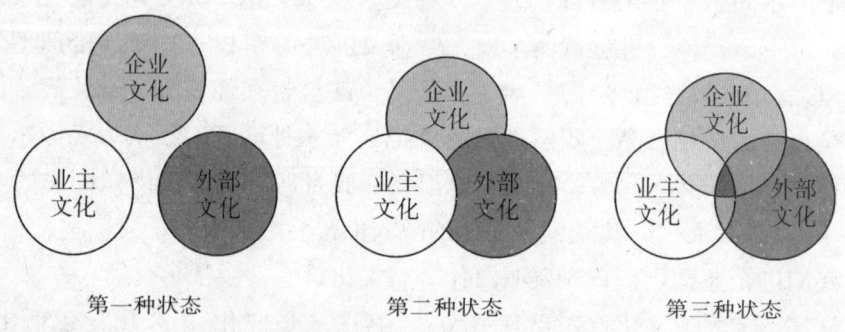

第一种状态　　　　第二种状态　　　　第三种状态

从上面三种文化形态我们完全可以看出，如果某一企业只是闭门造车，打造一种只能是孤芳自赏的企业文化，那就绝对起不到文化搭台、经济唱戏的积极作用。

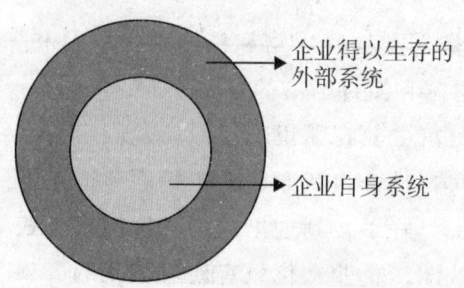

任何企业的存在，都至少有两大系统：一是企业自身系统；二是企业得以生存的外部系统：任何企业都不可能是独立于外部系统的，而必须要存在于外部体系之中。这就要求企业的文化体系必须是一种开放式的，而决不能是自我封闭式的。

实实在在地说，我们保利物业的对外文化展现，还是有很大差距的。社会上前段时间总是有一种说法：保利太大套了。注意：大套是贬义，大气则是褒义；再讲透一点，大套是缺少文化底蕴的表现，大气则是文化光芒四射的表现。

比如，大的像我们举办的运动会，除了发动业主参加以外，我们还应当邀请当地各级政府主管部门，如房管局、规划局等，要是你邀请了体育局，他还会出资呢！这就是企业文化的展现；小的如我们放一把老鼠药，都应当有企业文化的展现！千万别把文化只当成是精神财富！

二、关于物业企业的自身文化体系建设

1. 企业文化的实质到底是什么？

我们很多人成天讲企业文化，但并没有深入地考虑过这个问题。

我个人认为，所谓企业文化，就是企业为推动物质产品生产力水平不断提升的内在精神，以及以这种精神为核心的思想体系；再就是这种思想体系在企业生活各方面、各层面、具体的外在表现。

这里需要注意的是：内在的东西必须要通过一定的形式把他外在的表现出来，否则是没有人知道的。没有人知道的企业文化是没有感召力的，更没有战斗力。

还要注意：企业文化的内在精神，必须把它扩散出去，要做到像太阳那样光芒四射！

如果说企业的自身运行体系是骨骼和肌肉，核心理念是神经系统，则企业的文化体系就是血液或称之为血脉系统。没有文化系统的企业，犹如离开了血液循环的人体，是绝对维系不了生命的。许多百年老店，都有它独特的企业文化血脉，这是不争的事实。企业文化实际上是由企业的核心理念、企业的整体文化结构以及每个员工的个人文化素质所组成的。

2. 企业文化主要包括哪些层面？

核心理念——我们首先来研究一下这个问题，因为它是整个企业文化中最为重要的组成部分。我们常说要学龙湖物业，还往往要提到他的保安服务细节如何，客服人员如何。我认为，首先应当研究龙湖的服务理念。

核心理念
领导风范
工作标准
团队精神
个人风采
环境状况

善待你的一生这个理念好吗？应当说很好！好就好在它抓住了每一个人的心理状态：我的一生都将被善待了，我还有什么不愉快的呢！这就是龙湖的企业理念。

"全心全意全为您"是万科物业的服务理念，每个看到这个理念的人都会联想：人家可是全心全意在为我服务啊，我不尊重人家，人家怎么能够全心全意为我服务呢？这个理念据说是万科前任负责人陈之平的创意，实际上借用了毛泽东"我们要全心全意为人民服务，而不是三

分之二的心,三分之二的意"这句话。

"携手共建亲情和院"是保利物业的企业理念。我们将在后面讲到,怎样理解与做到"亲、情、和、院"四个字。

领导风范。一个企业的文化特色,绝对和军队一样,是与这个团队的领军人物分不开的。很多文艺作品都非常充分地展现了这一点。比如,我们所熟知的电视剧《亮剑》中的李云龙,又如拿破仑、丘吉尔、巴顿,以及我们耳熟能详的一些现代著名人物,如乔布斯、比尔·盖茨,中国的王石、鲁冠球、牛根生,都有他们独特的领导风范。他们所领导的企业,所带领的团队,都有各自的特色,这是毋庸置疑的。

工作标准。为什么我这里要讲工作标准而非规章制度,原因就在于,任何企业都有一整套规章制度,区别仅仅在于完善与否、合理与否、执行好坏而已;而且很多企业的规章制度在某种程度上都差不多,甚至如出一辙。但是,作为每个员工的执行情况,就相差悬殊了。这个问题的根源就在于,我们千万不能忽视,企业文化内外展现的形式,是通过工作标准来实现的。我也经常听人说,制定标准的企业是伟大的企业。

保利的 D 版文件,是一个充满了理性和人性的标准,是保利企业文化的重要结晶之一;道理就在于,首先它是可以通过努力做到的;其次,它是可以传播、学习和应用的;最后,也是最重要的一点,通过对它的学习应用,可以大幅提升我们每一个人的综合素质。我们完全可以说,D 版文件既是精神产品,也是物质产品。关于这方面,我们也将在下一步继续展开论述。

团队精神。从大的方面讲,共产党之所以得天下,在很大程度上讲,在某一方面来讲,就是靠了团队精神;而国民党之所以失天下,其很大一部分根本原因在于它不能形成团队合力。从小的方面看,任何企业的资源,不论人、财、物,都是有限的,有限的资源不能形成有效整合,也就是形不成拳头,五个指头张开来,在市场竞争中肯定是打不赢别人的。我们看过电视剧《大染坊》,市场上的竞争胜负,实际上都是早就由企业内部的团队状况决定了。重庆作家黄济人的《将军决战岂止在战场》这本书,实际上讲的就是这个道理。我们保利物业的一些项目部,由于部门之间的不协调,信息不畅通,可是吃过亏的。

说到团队精神,我这里不得不啰唆几句。在中国企业中,往往根深蒂固地存在一种观念:不得罪人。你好我好他也好,总之是大家都好,最终的结果是大家都不好。这不是团队精神,恰恰是团队精神的涣散剂。我总不理解我们一些人的一句话:这个事儿不好说。怎么不好说呢?你怕得罪同事,那你就只好得罪老板,这里面是没有选择余地的。中国人有一种文化现象叫做讲义气,还说这是古典文化的沉淀,那我就要问了,怎样理解古代的割袍断义呢?你是为了大义还是为了小义呢?

个人风采。我一讲个人风采,大家可能会感到疑惑:作为企业的领导者是有个人风范的,难道作为企业的一般员工,也存在什么个人风采吗?答案是肯定的。如果你本人就是一名企业的普通员工,难道你就不认为自己也是有某种独特风采存在的吗?不但有,而且是个人文化修养的必然结果。问题的核心在于怎样把它融入企业的整体文化之中而已。这个问题不仅仅是员工个人意识与行为的问题,更是我们各级领导者必须思考和解决的问题。如果在符合企业整体文化氛围的大前提下,企业为每个员工都提供了充分的平台,使我们每个员工的个人风采都得到了最大化的发挥,难道这个企业会没有凝聚力吗?

无论是我们的客服前台、维修服务、安防服务、保洁服务的每一个员工,无时无刻不在通过我们个人风采,展现着保利物业的企业文化。

环境状况。在谈到企业文化的时候,我们经常会听到许多这样的说法,某企业在业内的工资水平并不比别的企业高,但员工队伍的向心力很强,别的企业高薪挖人也挖不动。这是什么原因呢?

我们都知道,人的生活分为物质与精神两大块。在物质方面基本保证的情况下,人们今天往往会更加看重精神层面的生存发展环境。

这个环境主要包括:人际文化,如上下级关系、同事关系;企业美誉度(如海尔的清洁工);价值平台,如尊重、平等、民主等价值体现;硬性工作条件。

我们现在仅以硬性工作条件为例进行分析。

案例1:马斯洛的实验

美国一家企业在利润已经很不错的情况下,为了谋取更大利润,采取了很多办法以后,又邀请行为学家马斯洛为其策划,看还有什么办法进一步提升生产力水平。马斯洛在视察了工厂后,只提出了一条意见,把所有清洁工人的工装换了,由原来的深色换成全白色。结果效益大增,其逻辑在于:清洁工穿上了白色工装,周边环境若不干净他没法穿,只好把周边环境彻底摘

干净，周边环境干净了，生产工人情绪变化，生产效率大幅提升。

我们接着再软的工作环境，还是用案例说明吧。

案例2：娇娇离职的故事

某物业公司的娇娇要求离职，我作为这家公司的高级顾问，也依仗着自己年龄大，就把她找来谈一谈。我知道这是做企业管理的一条经验：领导者再忙，也一定要挤出时间和有离职想法的员工谈心，这里面一定会让你有一定的收获。没料到，娇娇的想法令我大吃一惊：竟是因为工作太闲了！我之所以吃惊，是因为很多人要求离职，一是因为工作压力太大，或者一天到晚太忙了；二是他们的经理的确是太忙了，要忙于收费，要忙于应付上级布置的各种随机性任务，要检查那里是否发生了违规装修的行为，要布置检查各种工作计划的完成情况，等等，最多的时候他对我讲一天接了120个电话，科室领导还是批评他工作的系统性不够，该固化的工作标准没有固化下来，结果是这位赖经理到医院一检查，医生说他是累的，再这样下去心脏真的要出毛病了。我从这里面看出了一个落差：忙死了的人有怨气，怨领导不理解；闲的人有意见，怕闲下去荒废了年华。

大家看，这是不是企业文化出现了问题？是企业哪方面的文化出了问题呢？

很显然，是制度建设或制度执行方面的文化出了问题。

问题的根源在哪里呢？一是在我们这位辛苦的赖经理对企业制度的理解上；二是在娇娇对企业文化的认识上出了偏差，她并没有很好地利用企业给她的发展平台。业主一开始叫她付娇娇，后来叫她小付，再后来干脆直接叫她娇娇，这里面难道没有可以总结一下，形成工作结晶的东西吗？可是她居然放弃了——放弃了一种文化成果，多么可惜呀！

案例3：国防部长与鸡蛋

迟浩田任国防部长时，经常下部队检查工作。每当基层部队的指挥员引导他看军事设施或战术训练时，他总是先提出去看战士食堂，而且总要发出指示：每天早上必须让所有的战士能吃到两个煮鸡蛋，不准食堂用炒鸡蛋来代替煮鸡蛋，因为他知道，如果吃炒鸡蛋，会有很多鸡蛋跑到了连长、指导员的家里去了。

应当说，迟防长是很厉害的。作为一个老兵，他非常清楚，当兵吃饭这个饭的重要性，这就是部队建设的一个硬性的工作环境。试想，战士的营养水平达不到，身体的耐力就不行，那还会有战斗力吗？

三、物业企业的文化展现形式

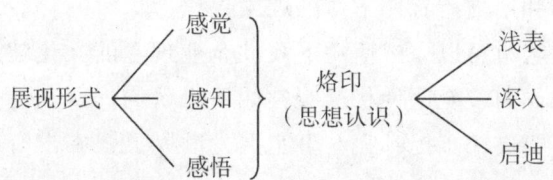

通过上面两个图，我们可以看出万科物业的文化展现形式，一是人性化很到位，是关心业主的什么？是最要命的健康问题；二是形式活跃，一改宣传栏方方正正的国字脸形象，生动活泼，你忍不住不看，吸引眼球啊！反思我们自己的宣传栏，做出这个效果了吗？

再看上面的两张图片，这个宠物厕所会给业主什么样的感受呢？这个木栈道如此洁净，又会给业主带来什么样的感受呢？

感觉可以上升为知觉，或者叫感知啊，这可是毛泽东同志早在1937年就在《实践论》中说过的。

如果业主对我们的工作从感觉上升到感知，再进一步上升到感悟，他怎么会出现不理解和不支持我们工作的现象呢？

我们自己是否也可以来感悟一下我们企业现在的文化建设是一种什么状况，你认为应该如何改变这种状况呢？如果您认为您所在的企业已经做得很好了，那么要不要进一步提升呢？事实上，世界上根本没有所谓的最好，只有更好。

案例4：某物业公司找来了几位磨刀匠为业主免费磨刀。这本来是一件好事，因为在今天的大都市里，很难找到可以磨刀的地方，甚至有的家里刀不快了，只好再买一把新的才能用。可就是这么一件好事，却搞得部分业主很有意见。原因就是没有事先告知业主，一家一次只可以磨一把。结果不少业主一下子拿来了好几把，结果可想而知。磨刀师傅最后还说：再给我多少钱我也不敢再来这里磨刀了！

这个案例说明了什么呢？它说明了企业文化现象是由它的内涵与外延组成的。而且，内涵必须通过外延才能展现出来。我们为什么不可以先向业主发布必要的信息呢？甚至还可以借此讲一下刀具在家里怎样保管，以免小孩子不慎受到伤害，以及各种刀具的性能，等等，那该多好啊！

现在不是经常可以听到所谓文化搭台、经济唱戏的说法吗？不少企业管理者都经常讲要做企业文化，一个"做"字好生得了！

我们分析这个"做"字，它是"十口人的文"，中国人的文化中，"十"为满的意思，国际上一般也是逢十进位嘛！也有满了的意思。

还有我们常说的十全十美等。这样我们就可以理解为，凡是有人群的地方，就一定会有某种文化现象的必然存在。当然，这样的解释似乎很牵强，我们姑且把它当做一种展开思路的启示好了。否则，我们太钻牛角尖了，那还不把文化做死了。

我经常听到有人说，龙湖就是会编故事。把许多不起眼的小事编得活龙活现的。对此议论，我只讲三句话，大家自己再去琢磨：

第一句话：人家该不该编？

第二句话：您编得出来吗？

第三句话：您为什么不编？

譬如，有人叫做炒菜做饭；有人叫做烹调；还有人则称为厨艺。

有人叫喝茶或饮茶；有人则称为茶文化或茶道；茶道的附加值可就高了，高在哪儿？文化！

认真地思考一个问题：我们能不能把物业服务工作做成物业服务艺术？做成一种文化，做成一种"道"？答案肯定是有的，问题还是在于我们自己，肯不肯去解这个方程式。

我们还是用案例来分析。

案例5："亲情和院"的文化阐释

"亲情和院"是保利物业企业文化的核心和亮点，那么请问：我们把它做好、做亮了吗？

亲——我们把业主当成自己的亲人那样对待了吗？我们解决好物业企业和业主之间的"管理"与"服务"这一对矛盾了吗？在这里，我们必须思考这样几个问题，当你自己的亲人出门的时候你是怎样做的，当你的亲人生病的时候你是怎样做的，当你的亲人的孩子升学后你是怎样做的，当你的亲人婚嫁的时候你是怎样做的，当你的亲人家里有急事的时候你是怎样做的，等等。龙湖物业提出"善待您的一生"，人的一生中需要帮助的无非是以上这些内容。

情——"问世间情为何物，直叫人生死相许"。这里的所谓情，就是心理学中情感的范畴。情是怎么形成的？交流与沟通。没有交流与沟通，那就只有冷漠无情。情这个东西有一个由浅至深、由此及彼的过程。我们各岗位的员工见到业主唱喏了吗？我们曾经和业主拉过家常吗？我们知道业主家里面老人、孩子的基本情况吗？当他们的物业出现各种情况的时候，我们是否及时出现在了他们的面前？

动之以情，情出细处。这是我们需要把握的一条规律。

和——什么是"和"？和就是各种矛盾协调、统一的过程。

比如，业户在装修时，特别是在别墅区，总想往地下挖一点，往周边扩一点，这是可想而知的。而物业公司要履行自己的管理职责，又必须要加以

控制，这就是一对矛盾。怎样解决这一对矛盾呢？我们的企业文化就要起作用了。

第一，我们事先的宣传工作做得怎么样至关重要。中国古典文化中讲到的要"晓谕天下"、"家喻户晓"、"妇孺皆知"等，是讲要先搞定"安民告示"才行，和字右边是个口，意思大概为和是嘴巴说出来的，说有文字和口头两种，说就是宣传。看来咱们不说是绝对不行的。

第二，一定要晓之以理、晓之以利才行。利字边上一把刀，意思大概是为了实现利益就得争斗才行。争取利益，本身就是人类的根本文化现象，"天下熙熙，皆为利来；天下攘攘，皆为利往"，这可是战国时代的越国大夫范蠡，也就是当时的天下首富程朱公的著名论断。

我们必须通过沟通交流，把利字边上的这把刀变成和字边上的那个口，才能成其为真正的"和"。前段时间我们保利开展的国学进社区活动，就是一个目的——构建和谐社区。国学的核心是什么？就是《论语》中的仁者爱人嘛！

院——这是亲、情、和的物质载体。"院"是中国历来群体物质、文化的重要组成形式。这里我们必须把握三个要点：①院的硬件设施必须具有完好的、优质的生活和工作条件；②院的设施要充分承载必要的人文信息；③物业企业要充分利用院的硬件设施，做好文化搭载。这个车不去搭，不是浪费资源吗？

四、物业管理服务的文化特点

1. 工业产品。

产品生产者—生产产品—销售者—销售产品—消费者。产品的生产者和产品的消费者之间根本不见面，彼此之间只有硬性的产品作为发生关系的纽带存在，而且，这个产品能否卖得出去，和生产者本人似乎没有直接的关系；再就是这个产品是一次性买断，对于一般消费者而言，充其量也就是下次不买而已。

2. 酒店服务。

短期的服务者与消费者之间的契约关系，消费者对服务产品不满意，可以通过下一次不来这里消费，对服务产品的生产者进行惩罚。

3. 物业服务。

长期的提供服务与享受服务及消费服务的关系，这个产品不可能一次性买断；服务也不可能在短期内终止，也就是我们常说的365天、每天24小时都要提供服务，而且随机性突发事件特别多。

根据我们服务产品的特点，我们和业主之间的文化交流应当把握如下几个方面：

第一，长期的服务与享受服务的过程中，最方便我们与业主之间建立良好的情感关系，而且也只有依赖和搞好这种情感关系，才能使我们的管理服务工作得以正常开展。因此，物业服务的文化特点首先是以满足对方人性化需求为核心的文化。

第二，把简单的事情不断重复地做好，就是最大的不简单。而问题恰恰在于，我们总是不能把最简单的事情做得最不简单。比如，扫地就有文化成分在里面，问题又在于我们的双眼恰恰看不到这一点。

第三，要随时随地不忘和业主进行沟通和交流，要全员、全过程都来参与与业主的沟通与交流，这个问题解决好了，就可以转化成为企业的生产力。

第四，一定要处理好阳春白雪和下里巴人之间的关系。一定要根据业主需求开展有效的文化交流活动。因为我们讲过，文化绝不是孤家寡人，它一定是用来交流的。

例如，某小区请钢琴大师来演奏，花了不少钱，业主反映却很一般。甚至不少业主都讲，叮叮咚咚的不知道弹的什么玩意儿。这个真实的故事告诉我们，办一切事情都要从实际出发，如果是脱离了大多数人的实际需求而搞的任何活动，受众的感受就很难达到理想状态。

第五，一定要充分认识到一个问题，那就是我们的每一个岗位、每一个专业、每一个人身上都充满了文化因素，关键是要把它发掘出来，运用起来。我经常听到我们有的维修人员讲，我们反正就是干活的，把活干好了就行了，什么企业文化、业主文化，和我们是不搭边的。这种认识是十分有害的，既害了企业，也害了自己。我就曾在两个维修工的待遇问题上做过决断，这两个人分别都做了一个角钢支架，其中一个维修工把直角倒了一个R，也就是我们平常说的做了一个弧形，我就把这个做了弧型的维修工的工资调高了一些，另一个不服气，问我为什么，我就告诉他，这个弧形你别看简单，说明他干活很认真，做出来的活很人性化，因为他肯定考虑到，即便有人不小心碰到了，也不会造成大的伤害。所以，即使维修工作也中有文化。

问题在于我们必须要注意以下三个方面：

第一,文化的缺失。

第二,文化的流失。

案例6:基础资料的缺失给企业带来的损失

某小区已经交了三期房,才发现一些业主家里没有安装可视对讲系统,仅查资料和各种原始记录,就断断续续搞了一个多月,还不是搞得很清楚。如果我们一开始就把资料建立完善,把基础工作做牢固,恐怕今天就不会这样麻烦了;如果这些资料都找不到了,数码公司也不认账了,那个损失就大得去了。你想,我们讲了半天企业文化,有这个实实在在的文化重要吗?

这就是缺失的文化。

案例7:这样的员工宿舍留得住人吗?

上面的三张照片是我拍摄的某小区安防队员宿舍的部分照片,大家看到后会有什么感想,你愿意生活在这样的环境里吗?

第三,目标的失衡。

我们上上下下都在强调企业文化,既然这么重视,那么问题又出在哪呢?关键在于是否做到了信息对称。我们都知道今天的社会是信息社会,信息的传播方式非常发达,信息的传播速度非常迅速。在这种情况下,我们要实现做大做强企业文化这一目标,就必须做到:

(1)信息对称。一是必须事先知道(我在这里不得不说:不仅仅是知道,而必须清楚明白,还必须能够熟练地应用!),我们有哪些信息必须向业主发布(这可都是做物业服务的文化要素啊)。

这其中自然包括:企业简介(包括业绩、以往业主的评价等),我们的服务标准、服务内容、取费标准、办事流程,业主当遵守的公众制度、法律、法规和政策依据等。

这些东西必须做到家喻户晓,才能形成文化渲染、灌输的力量,才能把文化落实到为经济服务上来，而且这仅仅是迈出的第一步。

但是，我们往往并不是这样做的。很多小区都没有在向业主交房的时候，更谈不上在地产开盘的时候，公示上述内容，我再三提醒他们都没有做到。我们的物管人员理由很充足：业主手册上面不是有了吗？

这就不得不问：没看到业主手册的业主会知晓吗？业主买房的时候会知晓吗？不看业主手册的人会知晓吗？即使他们都知晓了，难道不应当事先公示吗？

所以，当业主提出事先不知道这些东西的时候，我们就很被动。我先后参加过一些房屋交接，当业主提到事先没看到服务标准和内容时，我们的物管企业就不好回答了。

这也告诉我们，在这些相关信息上我们必须与业主保持必要的对称才行，否则到了后来，我们就会抱怨业主这也不支持那也不支持。其实细想一下，业主对我们的不支持与不理解，在很大程度上不是由我们自己造成的吗？你卖的啥人家不知道，你卖的啥价人家不知道，叫人家怎么支持与理解你呢？

二是我们应当知晓业主需求信息。市场经济讲究的就是按需生产，人家不需要你的产品，你即使生产出来又去卖给谁呢！

对业主的需求信息，我们绝不能主观臆断，认为反正不外乎前台客服、维修服务、安全防护、环境卫生四大块而已。大家一定不要忘了建设部领导最近反复强调的延伸服务问题。随着人们生活水平的不断提高，业主对物业服务有了许多新的需求，我们若不能掌握这些信息，就会变成毛泽东同志批评的"闭塞眼睛捉麻雀"。

作为提供服务与接受服务的双方若信息不对称，必将导致彼此之间互不信任、互不理解，甚至互相拆台。

那么，作为物业管理服务企业，一般来讲，主要应当事先在工作过程中，逐步掌握和了解哪些业主信息呢？主要有三个方面：初始阶段的业主信息（从购房时就开始了解），常规阶段的业主信息（在沟通交流中日渐积累），特殊事件的业主信息（在处理过程中了解）。

三是要让业主了解我们为业主做了哪些事。这个问题尤其严重。现在保利物业提出服务工作要做到让业主可视化，就是针对这个问题而提出来的。

四是物业企业内部信息要畅通无阻。物业企业内部各个组织之间、上下

级之间、各个服务工作流程之间若彼此信息失调，那绝对是要给我们自己带来很多干扰因素的。

（2）怎样做到信息对称。一是要注重时效性；二是要注重载体。

总之，企业文化不管在内部还是外部展现，都要通过信息传播和我们的自身实践，通过我们工作中的点滴小事来实现。从这个意义上讲，完全可以说，怎样掌握和运用信息、信息技术，并把它转化为我们每个人实实在在的实际行为，就是企业文化内涵与外延的全部表现。

我们也只有在企业文化的整体提升过程中，才能够提升和实现自身的文化价值。

（注：本文系作者根据其课件改写）

服务技巧略论

——亦论攻心为上,攻城为下

一、根源论

我们都知道,物业服务按照国家产业门类划分,属于第三产业的服务类。我们的劳动产品就是服务。在市场经济条件下,服务也是一种特殊形态的商品,被人们的需要而存在着。也就是说,我们为社会提供的劳动是有偿的。物业服务无论作为行业还是企业,都没有说它是无偿服务的。

我们既然承认物业服务是一种商品,那么,任何商品所具有的共性,对于物业服务来讲,同样具备。

其一,是商品的价值。任何商品的价值都是由社会必要劳动时间所决定的,物业服务同样如此。所以,当业主质询我们,为什么收取这么多服务费时,我们就会把我们的各项成本开支一一列举出来,说给他们听。

其二,是商品的使用价值。物业服务的使用价值不外乎有两个:一是业主可以通过我们的服务享受到优质的生活品质;二是业主的固定资产可以通过我们的管理得到保值增值,即资本的增加。

那么问题就来了。我们也应知道所谓商品经济,就是买卖双方平等自愿的交易,也就是说你卖出去的商品,必须是人家自己愿意接受的,欺行霸市、强买强卖的不叫商品;商品使用价值低于价值的,叫物不所值,是伪劣商品,是要被清除出局的。

所以，我经常对一些同行说，你一定不要先对业主谈钱的事，一定要先把服务产品做好，让人家接受你的服务产品，也就是承认你的产品的使用价值，人家才会自愿掏钱来买你的东西。

这实际上也是一个古老的命题：先有鸡还是先有蛋。

那么，我们究竟是先要鸡，还是先要蛋呢？我看还是先要鸡好。把鸡喂好了，就可以下很多蛋，甚至是金蛋呢！说到底，就是让别人认同我们服务产品的价值与使用价值。

二、特殊论

我们还应当看到，物业服务产品一旦进入了市场，也就是有业主需要我们提供服务了，我们的劳动产品就转化为了商品。但是，我们这个商品又不同于其他商品，而有它的特殊性。这个特殊性主要表现为如下两点：

一是它是无形的，它不能相对永久地，比如像汽车、电视机、房屋等，可以存在于一定的时空之中。比如，我们的保洁员做清洁，你不能说今天甚至两小时之前我们才做过，它就会一直保持清洁的状态。因为人们在消费保洁产品的时候，事实上是在破坏它，尽管有很多人会自觉地爱护环境卫生，仍然有自然破坏力的存在与发生，如灰尘、落叶等。

二是在于它的时效性，尽管酒店也属于服务类，但它的客人是一波一波的，住了一段时间就会离开。物业服务则不然，它的客户群体及消费群体是固定的，一般都是几年，甚至十几年，乃至更长时间，始终面对的是同一群体。它的好处是便于建立彼此之间的情感，弊端则是一年365天、每天24小时相处，太容易挑出我们工作中各个

环节中哪怕一丁点毛病。

很多人都不看好这一点,甚至抱怨物业服务不好做。其实,大凡世界上的事情,要从做好的角度来看,又有哪一件工作是绝对好做的呢?我认为,物业服务工作的所谓难,难就难在它是整天与人打交道,而人又是形形色色五花八门的,正如很多人所讲的,这个世界上最难的事情,就是与人打交道了。但是,按照马克思所说的,"人是社会关系的总和",人和人之间不打交道又是万万不可能的,所以,我们只能从怎样实现和人的有效沟通来做好文章了。

清洁卫生　　美化环境

三、基础论

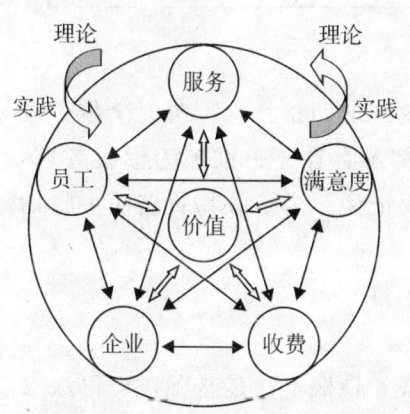

什么是我们做好物业服务的基础呢?那就是服务本身,唯此为大。可以想象,一家物业企业,倘若离开了对业主的优质服务,得不到业主的认可,它还能够存在吗?而且它还有存在的必要吗?所以说,做好服务是我们物业管理企业全部工作体系的基础,离开了这个基础,任何物业的大厦都将不复存在。

我们现在不少物业企业都还在这样一个怪圈中生活,即:以收取物管费为企业的最终价值取向,结果出现收费状况不够理想、服务品质不能保障、业主满意度下降、收费进一步困难、企业的价值取向不能充分实现、员工满意度下降、服务品质进一步下滑、企业退出已经占有的市场份额、企业的最终价值取向完全不能实现,扩大再生产无法进行,企业陷入困境,难于自拔。

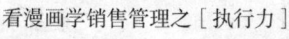

看漫画学销售管理之[执行力]

执行力不仅仅只是强制力

我是这样看的，企业收费是合法的，赢利更是合法的，而且是必须的。曾有业主对我说，你们物业公司就知道赚钱。我就对他讲，难道你让我去违法吗？《公司法》明确规定，企业是以满足人们的工作生活需求，并能够实现合法赢利为目的的社会组织，我不赢利就违法了。我的目的还是为了满足您的需求嘛！

这里的确有一个问题，我们赚钱是为了更好地回报社会，再说清楚一点就是回报你们这些业主，我不赚钱行吗，我都不存在了，谁来为你服务啊。我们需要钱，但我们绝不是只为了钱。千万要记住，为了收物管费而去收物管费，效果肯定不好。

四、核心论

我们讲了服务是根本，是基础，可再深入研究一下，服务的核心问题在哪里呢？想必大家都会回答：品质。可品质的主要环节又在哪里呢？在这方面，我比较推崇叔本华的人本主义观念。围绕人这个主题，或者说这个中心，我们又可以分为两个层面：一是我们自身这个人的层面，二是业主这个人的层面。

先说我们自己这个层面。要做好服务品质的提升，核心的问题是首先要有人的品质，即我们经常讲的员工队伍的综合素质。这个素质又包括德、能、勤、绩四个基本面；也有讲长、宽、高三维立体素质结构的。这里面责任心又是一根主线。

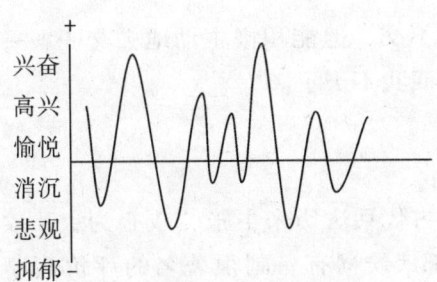
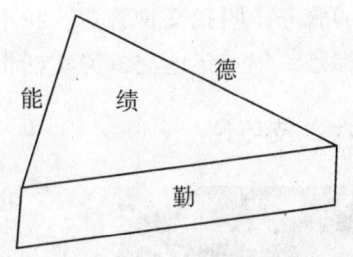

其次，必须要有一整套作业标准，也就是要有对于服务品质进行考量的尺度。没有量具，你拿什么去考核，业主又用什么来衡量你服务的好坏。与之配套的是必须建立合理的考核体系，其中还必须包括业主的考评机制在内。

最后，必须建立业主需求调研机制。

五、细节论

我经常听到关于细节决定成败的说法，可是真正做起来，却根本不是一件简单的事。

我听说有个物业企业的老总，每个月都带一大帮人下去，说是例行公事的所谓品质检查，结果一点作用也没有，只是用了不少公费，大家一起吃了不少饭而已。我就住在这家公司提供管理服务的小区里。有一天我发现一堆人进不了单元门，我也进不去，加上抱着小外孙，孩子又哭得厉害，你说心里急不急，看在都是一起共过事的同行份上，我没有言语，悄悄赶到监控中心，让他们赶快派人来修一下，免得一会儿回来晚的人进不了门，那事就搞大了。

谁知道那个值班人员跷着二郎腿，眼皮儿都没抬一下地说，坏了，要明天才能修。于是我只好打电话给总经理，谁知这位总经理还没听我说完，就说要明天才修得好，我只好央求她：这只是叫监控中心调一下编码程序就搞定的事为什么非要等到明天？结果，来了个保安队长，不到半个小时就解决了问题。您说，像

这样的服务，叫我交物管费，我不说不交，但能积极主动地去交吗？一直以来我都是一年一年地交，说实话，这回我不干了。

六、技巧论

我国古代兵法历来主张"攻心为上，攻城为下"。成都武侯祠有一副很著名的评价诸葛亮的对联，其中说道，"能攻心则反侧自消，从古知兵非好战"，讲的就是技巧论，我们打太极拳的人也明白，所谓四两拨千斤的巧劲。

今天我讲的主题是收费技巧的应用。一个成语叫做"事半功倍"，应该就是答案。具体来说，主要有如下几点：

（1）化解成因——对开发建设过程中的遗留问题，一是通过早期介入得到大部分解决。二是一定要在业主购房、交房过程中充分（请注意，一定要达到"充分"）告知业主我们的职责、法律法规和政策的规定；一定要把一切可能发生的事情以及处理程序、责任划分，向业主提前公示清楚，尽可能避免产生纠纷。

（2）由此及彼——切不可一上来就谈缴费的问题，对拒不交费的，可让与其个别关系好的员工去催收。

（3）多种渠道——电话、短信、书面、面谈、亲友、组织（如业委会、工作单位等）、家访、法函、仲裁、诉讼等。

（4）公示业绩——拿人钱财，替人消灾，我们为业主做了什么事情，一定要阶段性地公示出来。日常工作要做到可视化。

（5）延伸服务——介绍建设部领导的意见，以及以我的实践为例。

（6）动之以情——当业主最需要的时候，总有我们出现在他们的面前。

（7）"晓之以利"——我们过去常讲晓之以理，在市场经济条件下，需要调整一下了，仅仅晓之以理看来是不够的，更重要的一定要对业主"晓之以利"才行。比如通过我们的服务，他的固定资产现在行情又上升了多少等，大多数人赚了钱总会高兴得多……

（注：本文系作者根据其课件改写）

胡佛水坝的物业联想

闻名于世的胡佛水坝始建于1931年，其第17台也是最后一台发电机组于1961年投入商业运作，水坝高221.3米，坝顶宽13.7米，长379.2米，底部宽度为201.2米，共用混凝土为260万平方米，蓄水量可达3520万平方米，最深处152米。年发电量为40亿千瓦。它是目前为止世界上唯一以一位总统的名字命名的水坝（美国第31任总统赫伯特·胡佛）。

在我看来，水坝的巧妙并不在于它集发电、灌溉、教学、游览和交通等多种功能于一体，而在于它与大自然浑然一体的恢弘的物业感受。

首先映入眼帘的是号称"顽石峡谷"的呈红褐色的山体，大坝在两山之间毅然将科多比多河截断，大坝贯穿了两岸交通，各种车辆在上面穿梭往来，真正是一个交通枢纽！大坝两端的塔楼式观景台，大坝下的机房都与山体的颜色相仿。最令人叹为观止的是大坝正面左边的一座5层楼的停车场，完全依山而建，不但汽车可以驶入每一层泊靠，游人也可沿山岩铺就的阶梯到每一层观景。而且，这座停车场兼观景点的色彩，几乎就是山体的颜色。仿佛这些建筑物同整个自然山水天生就是融汇在一起的，难怪每年都有900多人来这里旅游，难怪胡佛水坝已成为美国国家级休闲园区，答案就在于它不仅仅是一个水坝，不仅仅是一个水电站，而是一个巧夺天工地把物业与自然看似粗犷，实是再惊喜不过的建筑构思，究竟在多大程度上达到了与自然贴合的要求？由此我想到，我们的一些景点在建设上的谋篇布局，如何做到与景物本身的水乳交融？我又想到了大足石刻，她之所以那么美不胜收，成为联合国认定的世界文化遗产，除了石刻本身的精美及深邃的艺术魅力之外，更主要的因素在于它与地形地貌的自然和谐，我想，要是现在能把黄花体园长江大桥北岸那个山头，依山傍水地修成一个既能观景又能休闲的去处，再在岩石上镌刻上造桥的经过及桥梁的设计原理，寓教于乐，岂不是于交通之外又为山城人民添了一些生活的乐趣！

重庆作为一座有着独特地理特征的西部城市，要让她走向世界，在城市的整体规划上也好，在每个区域性物业组团的建设上也好，能否让物业与自然的亲和力更大一些，胡佛水坝不是给了我们一些可以借鉴的启示吗？

物业管理不能违背价值规律

物业管理服务，是人类现代社会化大生产、社会化大分工的产物。不论物业管理服务打出多么炫目的旗帜，归根到底它是一种经济活动。所以，它必须遵循价值规律。但在目前的现实生活中，无论在业主方面、开发商方面，还是物管企业开发方面，物业管理服务都不同程度地存在着违背价值规律的现象。

一、从业主群体方面看

尽管随着市场的日趋成熟，很多业主认识到要服务品质超群，就应当质价相符，否则再好的物管企业也难以长期维系。所以，一些业主在选择楼盘的同时往往表示：物管费高不是问题，关键是服务是否到位。尤其在高档楼盘中，这已逐渐成为一种对物管服务消费的时尚意识。但也有相当大一部分业主单方面强调，既要服务品质好，又要收费价格低，而且越低越好，甚至少数业委会硬性要求物管企业低价优质，否则就要炒物管企业的鱿鱼。这其实就是违背客观价值规律，主观扭曲价格与价值关系的偏执。事实上，业主对于什么品质的楼盘什么价位在内是接受的，不然他们不会在众多楼盘的性价上最终取舍该楼盘。但对于附加楼盘之上的物业服务，往往不是那么客观地进行性价比分析。这实质上是一种人文素质和消费心理的负面反映。对于这一问题，政府主管部门、行业协会、媒体及物管企业都要反复进行大量的、有效的宣传引导才行。很多优秀物管企业往往与开发商达成共识，在前期介入，尤其在楼盘发售之前，就通过公示、媒体传播等进行大量的工作，使得业主了解服务标准。服务内容与相应收费价格，要让业主在思想上有一个先期"预热"的过程，最终在常规服务中让业主品尝到遵循价值规律的甜头。业主到处宣传这个物管企业做得好，住在某某小区（大厦），生活品质的确有了提高，这就形成了良性循环。

二、从开发商角度看

姑且不论其社会责任感如何,至少有相当一部分开发建设单位在其楼盘"作品"制造和发售过程中,是能够遵循价值规律的。他们对于房地产经营的市场供需状况等要素是非常娴熟的。问题往往出在对其产品的售后服务,仍需按照价值规律来体现其商品价值。主要表现为一种"叶公好龙"的矛盾心理。譬如,许多开发商在与物管企业就前期管理服务合同谈判时都会要求:你们要像××品牌物业就好了。可真的把××物业的服务标准与支撑这个标准的报价提出来,他又不干了,而总是提出一些不符合价格与价值相吻合的超值服务要求。事实上,从长期来看,这又是物管企业根本不可能维系的。人们常讲的一分钱一分货道理在这时往往荡然无存。物管企业则为了承揽业务,不得不违心地承诺一些不合理、更不合市场经济客观要求的合同条款。这样的结果,往往又形成物管进场后,开发商、业主、物业管理三者均不满意的状况。笔者多次与开发商的谈判中均坚持底价不让的原则,事实上最终反而赢得了开发商的信任,延伸了管理规模,形成了企业的可持续发展。

在这个问题上,一般集团式公司,即开发商下属的物管公司,往往能得到开发商的力挺,物管企业借助于多种资源,可以取得前期较好的发展。从这个意义上讲,开发集团启用自己下属的物管企业,对于各方来讲,未尝不是一件好事。现在讲城市反哺农村,物管通过开发商支持做大做强了,必然也会对开发商的持续发展形成积极的作用。这已是不争的事实了。

三、从物管企业自身来看

虽然每个企业都受到各自运营成本的制约,但出于市场竞争的需要,往往被迫以压低报价的形态出现在开发商或业主面前,而经常提出一些脱离价值的服务标准。在报标文件中,笔者常常看到只有几毛钱的单价,也提出诸如什么酒店式服务、管家式服务的概念,既误导了业主,又为自己今后套上了被动的绳索;结果是往往在前期管理服务过程中就引发了许多矛盾。这些现象的发生,从根本上讲就是物管企业自身人为破坏了,价值是生产费用与效用的关系,亦违背了市场经济规律。

这同样说明,一个物管企业为业主提供有偿服务的价值在于,以价格形式表现出来低于或小于提供这种品质服务的生产费用,则社会交换实现不

了,即我们通常说的不够成本,那么连简单再生产都难以长期维持,企业根本不能生存,何谈扩大再生产,可持续发展?

因此,靠低价竞争进入市场无异于杀鸡取卵,最终只能是以卵击石。

(高荣江 崔太群)

物管人员应当学一点心理学

物业管理这项工作，可分为两个层面。对物的管理和对人的服务。对人的服务即为业主服务。服务是与人打交道的工作。因此，研究和掌握服务对象的心理尤其重要。根据不同对象的不同心理类型，采取不同的工作方法，工作才会得心应手，愉快胜任。

一、根据业主心理气质，可将其分为五种心理类型

（1）冷漠型。对外界事物如召开业主大会不怎么关心，别人怎么说怎么定，对问题不作回答或无意见。

（2）荣誉型。热情且好表现，总想把自己好的一面展现给别人，如我在哪里干过什么、当过什么等。

（3）好事型。此种人关心公益事业但喜欢喋喋不休地评论物管公司，爱挑毛病，对看不惯的事总觉得不顺眼。

（4）急躁型。做事雷厉风行，但对事情的变化非常敏感，承受能力比较强，喜欢与人争执。

（5）随和型。心胸较开阔，能够与人较好沟通，人际关系好，但有可能改变诺言。

二、针对业主心理类型物管员一般宜采用的工作方法

（1）冷漠型业主应接心理对策。这类业主常以挑剔的眼光审评商品，喜欢物管人员在自己面前表现得无能为力，一旦物管人员态度盛气凌人，他便会产生抗拒心理。而物管人员过分热切也会令其讨厌。所以应采取：①善于发问。这类业主心理活动复杂，应接时只有通过询问，才能探知其需求。②耐心细致。这类业主的自我意识较强，短时间内很难与他们有效沟通。只有通过耐心细致的服务，唤起他们的认同和共鸣。

（2）荣誉型业主应接心理策略。这类业主喜欢品头论足。应接时应采取：①避免直接冲突。不要直截了当地提出与他相左的观点或指出他的错

误，满足其自尊心理后，再应接。②称赞和恭维他。适当的恭维、称赞其才干和成绩，再谈相关事宜。

（3）好事型业主应接心理策略。这类业主爱管闲事、私心重，可采用：①赠送小礼物。针对他的私心重，可适当地赠送小礼物为见面礼，使其感到尊重需要的满足。②要有耐心。尽量倾听他的言论，并不停地表示赞同，使他觉得你是一个可亲近的志同道合者。一旦意气相投，下一步工作中的矛盾就可以迎刃而解了。

（4）急躁型业主应接心理策略。这类业主反应敏感，所以应接时可采用：①赞美他。抓住机会褒扬他的长处，把话题向好的事物上转移。②保持心态平稳。自始至终保持平静愉悦的心情，只要主业的心态平衡，下一步工作就可顺利进行。

（5）随和型业主应接心理对策。这类业主比较好相处，应接时可采用：①一见如故。不要拘泥于传统礼节，要显得一见如故。②一气呵成。要迅速解决问题，以免他会改变初衷。

三、要了解业主心理定势的特点

心理定势是业主的一种重要心理活动，形成某些特点，主要表现在以下几个方面：

（1）潜在性。心理定势完全是一种心理过程或趋势，只是内隐于人的心理活动之中，其本身无法用外显方式直接表现出来。而且，其发生的作用过程也是潜在的，是通过作用于人的其他心理活动的间接方式而发生作用的。整个影响过程，作为心理活动主体的人一般都处于不自觉状态，是自然而然发生的。物业管理要把这种有利于管理的潜在性挖掘出来，如市内一知名小区把培养业主潜在的"惰性"作为自己深化服务的手段。

（2）稳定性。某些个体或群体，一经形成某种心理定势，就会在相当长的一段时间内按着较为固定、统一的模式去发生影响。只要人的社会生活和心理基础没有发生大的变化，这种心理定势的作用模式就不会改变，物业管理要把业主对物管工作的认同发展成一种稳定的群体定势，以后的工作就好办多了。

（3）导向性。心理定势的基本心理功能就是对人的心理活动和行为起导向作用。它按照心理定势的方向来为心理活动与行为定向；同时，又为这种被定向了的心理活动和行为提供动力，施加定向的驱动作用，物业管理中突出的作用就是引导业主学会享用物业服务。

四、业主心理定势的类型

按业主行为的主体划分，可分为业主心理定势与业主群体心理定势两大类。

（1）业主个体心理定势。这是指作为单个业主，受各自社会生活经历以及个体心理特征等因素影响而形成的心理定势。各个业主的心理定势各不相同，表现为对各自心理活动与行为特定的作用方面与强度。与此同时，一些业主又往往具有某些特定的心理定势，特别是有的心理定势几乎相当多的人都在不同程度上受其影响，业主较为普遍存在的心理定势主要有：优先效应、近因效应、晕轮效应、经验效应、移情效应等，商业企业广大业主的行为，总是自觉不自觉地在不同程度上受到以上各种心理定势的影响。

（2）业主群体心理定势。这是一定的业主群体，在共同的社会生活过程中，加之共同性心理特征的影响，所形成的积淀深厚、作用广阔的群体性心理定势。群体可以按种类、国籍、地域等大的范围划分，也可以按职业、性别、年龄、收入、经历、宗教、社会阶层等小的范围划分，形成群体心理定势的基础条件有两个：一是共同的社会生活，他们受到同一客观存在的影响，受到一致性的外部刺激；二是共同性的心理活动特征，他们具有某些类似或一致的观念、群体规范、思维特征、心理感应等，这样就在主客观协调一致的作用下，形成从个体到整个群体成员的心理活动与行为之中的定向趋势。

按照心理感应客体划分，业主群体心理定势可分为商业经营感应心理定势和消费心理定势两大类。前者主要指对商业经营活动及商业经营者的一些普遍性的成见或看法。比如，往往认为商业做广告是"老王卖瓜，自卖自夸"，而来自其他业主或新闻单位的评价是可信赖的，等等，这些成见或看法有的是正确的，有的则是偏见。后者即消费心理定势，包括消费习俗心理和消费流行心理等，是影响顾客购买行为最明显的心理定势。

五、通过测验，找出业主群体的心理特征分类组团，也称测验法

通过前面讲的一些心理学基本知识，我们就要采用一定的方法或叫做措

施，对业主群体进行认识，当然是指心理学范畴的识别。但也必须认识到，这也是基本的工作方法，它肯定不能完全取代活生生的人们的心理活动和心理状况的一切，书本知识不是万能的。

（一）座谈会法

若小区有300家业主，就可以分期分批地随机地召开一些座谈会，由主持者事先拟出主题目、分题目，采用由此及彼、由表及里的引导式摆谈，通过发言，了解业主心态。常言道，言之心声，而且，通过这种若干次座谈，要引导业主在心理上形成有利于我们管理的群体定势，也就是形成主流。这里值得我们注意的是各种工作方法、目的是交错运用的，不是单一地完成一项再去实施另一项。综合运用的效果会更好，这种座谈会不要看它在前期会产生一些人力、财力资源尤其是时间的投入，但这对于物业管理来讲，犹如建一幢大楼的基础，对以后的工作是事半功倍的，这种座谈会一般人数不要太多，最多不宜超过30人，太多容易形成对方的主导市场，宜人少多次开。

（二）填表法

一是可自行设计一些相关的问卷，请业主填写，并对认真填写者发放一些小纪念品，激励他认真填写。一般可采用打"√"或"×"的办法。二是可以请心理咨询所或咨询公司出问卷。业主填写后，由专家测评。

（三）日常或随机观察法

比如在业主办理入住手续时，可以从业主的言谈举止中观察出心理状态；二是在平常接触中，不仅只办业务硬件上的事，同时也可观察记录××业主的心理状况，属于哪个定势，属于哪种类型，再加上对业主年龄、性别、文化程度、工作环境、经济情况（大致）、家庭状况的了解，我们就可以做到知己知彼了。

六、讲究有效沟通的艺术

物管人员与业主的沟通主要靠语言。因此，应当注意如下几个层面：

（一）要掌握有限的沟通基本原则

（1）首先要培养和树立自信心。只要有了自信，头脑才会冷静、清晰，不为对方左右，也就是说"凭我三寸不烂之舌一定会达成共识"。在现实生活中，不少物管员怕与业主，尤其怕与那些很"绞"的业主对话，你缺乏自信心，你越回避他，问题就越难解决。问题是回避不了的。

（2）沟通前要做好充分准备。现在文明行为是要先约定时间，再见面谈话，可以提前几分钟，事先打个腹稿提纲，也就是有备而来，因为对方肯定要说什么是早有准备的。

（3）要注意有效说话的技巧。譬如一位业主是胆汁型，需要层次为安全需要，定势心理为自认为绝对有道理，理直气壮地要对一失窃事件讨个说法，事先定位要求是全额赔偿，我们应当避其锋芒，让其充分发泄，再温和地用"有效语言"（注：这一点非常重要），逐步让业主接受有益于双方的观点。

（二）有效沟通的"三大要素"

一是要认真准备好你要阐明的问题的观点、立场和目的。说话的态度要和缓，对原则问题要做到柔中有刚，而不是针尖对麦芒、锋芒毕露；二是让你的讲话尽可能地充满活力，不能照搬书面语言，硬背条例；三是找到与对方的共同点，引起一定程度的共鸣。不要让业主感到你是高高在上的一方，少用生硬的"不行"等否定语言。

（三）注意沟通的不同场合问题

一是尽量以简短、生动的语言；二是分清是告知式的谈话还是说服性的谈话，在说服性的对话中，尤其要注意不要一上来就坦言与对方持有不同的看法，如果这样，只会引发对方原本固执的个性，并开始自我防卫，这样你就很难与他沟通了，因为每个人内心深处都希望维护自己的尊严。如果你为此伤害了他，你就永远失去了这个人。懂得说话技巧的人，会在一开始就从听众那儿得到许多"是"的反应，最典范、最成功的例子，就是1972年中美上海联合公报关于台湾问题的认定。当了30多年美国哈佛大学校长的艾略特博士，有句闻名于世的话："我认为，在淑女或绅士的教育中，只有一项必修的心理技能，那就是正确而优雅地使用他（她）的本国语言。"

（四）让业主认同你、接受你的途径

①要想钓到鱼，得先知道鱼儿要吃什么，成功的人际关系在于你能迅即捕捉到对方的观点，同时要兼顾你和对方看同一问题的不同角度，我们小时候听到的"金银盾"的故事是值得引以为鉴的。②要花工夫记住业主的姓名，即前面我们讲到的满足业主尊重的需要的"第一功"。③注意成为一个善于倾听的人。④不要非得争辩。⑤当你与别人交谈的时候，不先讨论你不同意的事，要先强调，而且不停地强调你所同意的事。⑥如果你错了，要立

即承认,并首先指出自己的错误。⑦学会称赞并欣赏他人,如健康问题、衣着问题。⑧永不表现愤怒的神情。愤怒情绪是一个误区,是一种心理病毒,愉快则是人的精神生活的阳光,避免动怒的唯一方法,是在内心消除一种幼稚的想法,"你要是跟我一样就好了"。

七、要注意物管人员自身的心态把握

(1)要以积极的心态正确思考。因为"你就是你所想的那样的人,你的思想取决你的心态是积极的还是消极的,要消除你心中的蜘蛛网,消除消极的情感、情绪、酷爱、倾向、偏见、信条、习惯等。当你被别人误解时,必须要从检查自己开始,当你运用思维进行推理时,要保证你的大小前提都是正确的"。

(2)积极心态让你在物管工作中充满自信。

(3)积极心态能使你在工作中找到愉快。林肯认为,如果一个人决心获得某种愉快,他就能得到这种愉快。

(4)积极心态使你受人喜欢,"喜欢别人"是一种生活方式的结果,它是一种训练有素的思维模式的产物,而能使你喜欢别人的一种思维方式就是积极思想,也就是说,你必须以一种积极而非消极的心态去对待别人,不能老是抱怨业主什么都不合作。

(5)以积极心态探索心理。

(6)以积极心态努力搞好每个环节的工作,在工作中战胜困难、克服障碍,并从中找回自己失去的愉快。

学习《物权法》札记

（一）

《物权法》出台前后，社会上普遍产生了两种较为偏颇的认识。一是部分物管企业忧虑地认为，《物权法》是保护业主利益的，这样物业服务将更加难搞了，有的企业高管人员甚至一度产生过放弃的想法：也有的人提出"今后只为商务物业提供服务，住宅物业就不去管它了"；二是相当一部分业主，都向物管人员提出，《物权法》出台你们物管公司要小心点哟，弄得不好我们要炒你们的鱿鱼，还可以告你们，等等。加之一些非主流媒体的片面炒作，使得人们的认识进入了一个误区：《物权法》所保护的只是业主利益，而未保护物管企业的利益。

笔者认为，任何法律法规都会顾及利益的整体性、全面性而绝非只顾及某一个方面的眼前利益。

首先，《物权法》对业主权利、义务的规定与限制，从另一个方面保护了物管企业的利益。比如，该法第六章第八十三条规定："业主大会和业主委员会，对任意弃置垃圾、排放污染物或者噪声、违反规定饲养动物、违章搭建、侵占通道、拒付物业费等损害他人合法权益的行为，有权依照法律、法规以及管理规定，要求行为人停止侵害、消除危险、排除妨害、赔偿损失。"这就明确了业主大会和业委会的职责，同时对以上问题的处理，使物管企业有了相应的免责依据。而此前在物业小区（大厦）内，往往一出现上述问题，则统统归咎于物管企业。现在终于有了明确的法定责任划分，它必将大大地减少物管企业与业主交往中的矛盾与纠纷。

其次，就业主群体方面来看，《物权法》第七十条至第七十三条，较为全面地规定了业主享有与管理物业有关的两方面权利，即不能不享有不管理，并明确规定了"业主行使权利不得危及建筑物的安全，不得损害其他业主的合法权益"，"不得以放弃权利不履行义务"，等等。这实际上已从法律的意义上告知所有业主，《物权法》保护的实质上只能是合法的权益。

当然,任何法律法规的出台和应用,都与一定的宣传教育有着直接关系。譬如,笔者所负责管理的一个高档住宅小区,通过笔者大力宣传《物权法》中关于"建筑区域内的绿地属于业主共有",明确告知业主小区内每一片树木、草皮都有您的一份投资或资产在内,促进了业主共同对绿化环境的爱护,人人都不把装修材料拉入小区绿地,每发现有小孩子损害花草,业主们都要制止并及时向物管人员反映。这就是通过《物权法》的宣传,让业主更加爱护自己物业的整体例子。

至于《物权法》中规定的其他诸如共有部位的管理、经营等,只要我们物管企业依法办事,规范行为,通过与业主的有效沟通,是完全可以求得更好生存与发展的。《物权法》绝不仅仅是对物管企业的约束和对业主权益的随意放大。

总之,对《物权法》的理解和适用,我们一定要本着辩证的观点,全面地、完整地掌握它的精髓所在,且不可产生片面的、孤立的、静止的偏颇思维。

(二)

通过对《物权法》的初步学习,我们首先对"物权"有了一定的认识。现在有一些业主片面认为,《物权法》就是保护业主利益的。在此,我们的理解是,任何一个法律法规,都是当代社会主导意识的反映,是社会各层面共同利益和谐相融的集中反映。而且,世界上也没有哪一部法律法规是只保护某些人的单方利益,法律必须在某一历史时期内尽可能反映和顾全社会的利益和谐程度。所以我们应该说,《物权法》是把业主、开发商、物管共同的利益都考虑到了完整、系统的法律。

就拿商品房的物权来讲,在买卖合同履行之前它属于开发商的物权,在逐步销售过程中,开发商这个前期"大业主"的物权随着卖出商品房的数量逐步上升,其物权相应递减,但至少在前期它的物权比重是相当大的。而与之相应的前期物业管理,其物权的考虑也并非从单个业主对某一公众制度的约定或行为同意与否来考虑的。例如,现实生活中有的业主为了自身装修便利,一味主张把用于初装工序的砖瓦沙石运到小区内,堆放在便于取用的小区公共道路上。但水泥灰沙可能烧坏植物,大风吹来灰沙会弄得人和住宅灰头土脸，雨水会把堆放的材料冲得泥泞不堪，其他公用设施和楼宇外墙也会受到这些酸碱物质的侵蚀，等等。表面上看，如果满足了个别业主一时方便的"人性化"要求，实质上则是损害了全体业主的根本利益和长久利益，不利于房屋的保值增值。为此，物业管理公司往往不主张业主在装修期内把初次装修物料散堆于小区公共道路上。从我们的实践情况来看，一些业主尽管开始对此有些不同意见，但当他们装修完毕入住后，全部都赞扬物业公司这样做才是真正维护了他们的利益。其次，即使按照《物权法》定义小区道路为全体业主共有，也并非每个人都可以随意占用，如果那样，不仅小区道路将由于各家业主装修的不定期性造成长期路面杂乱不堪，而且再高档的物业也不能规范它的管理与服务。

所以，我们应当理解为，世界上没有不受制约的权利，况且，权利与义务总是相对应。单个业主的物权，必须在为维护大多数业主的物权履行义务的情况下，才能实现。正所谓每个人的自由空间若没有度的限制，也就失去了每个人真正意义上的自由。

随着对《物权法》学习贯彻的逐步深入，我们将继续探讨一些更深层次的问题。

（三）

首先物权必须满足集合概念的要求。这是因为在一般情况下，仅就商品房而言，物权首先必须满足共有的要求。这绝不同于一般意义上的物权。譬如某人买了一台电视机，他拥有绝对的完全处置权：可以把它赠送给别人，可以把它砸坏，可以把它拆散研究。只要不伤及他人，他完全可以随意处置这台电视机，而楼宇则不然。我们购买了一套房屋，事实上只是购买了它的部分空间，因为，外立面不能随意破坏与占用，即或是属于业主专有部位的承重墙也不能破坏；顶棚不可随意穿透，地坪也不可随意开槽埋管；穿越户内的共用管线更不得随意更改，等等。也就是说，尽管房屋的产权属于业主自己，但物权的应用上有它必然的共有性。在这个问题上，我们绝不能说我买的房子是我的，我就可以随意开墙挖孔、随意发挥使用权。因为弄得不好，你就侵犯了他人的物权。《物权法》中规定相邻权，就是一个集合概念的含义。所以，绝不可把《物权法》理解为仅仅是保护业主单个的具体物权,而忽略了一般物权或称抽象物权的一个法律。对《物权法》必须首先注重它的集合概念。

其次,要注重尊重业主的独立物权。事实上,业主的物权表现在单体概念上,主要是一定空间内的使用权与占有权,即人们常讲的专有部位的特殊属性。首先,它是个性化的。譬如业主装修,各有各的风格,谁也无权干预业主采用什么材料、什么样式。只要业主满足了前面所提到的集合概念的要求,不侵害业主的相邻权,不涉及整体利益的公共部位损害,业主都可以自行其是。其次,在公众制度方面,尊重业主的个权必须顾及其他业主的利益。譬如有的业主在房间内把音响开得很大以致吵到了其他业主,危及他人正常工作和休息,这就不能讲这是我的物权,在我家里我想怎样就怎样了。所以,我们讲的尊重业主单体的物权,是指全体业主或大多数业主共同的单体物权,如果抽象地只讲尊重个人物权,事实上所有人的物权都得不到保障。

总之,我们一定要按照辩证统一立场、观点和思维方法去正确理解和运用《物权法》,人们偏激的认识都是不可取的。

(四)

《物权法》中明确规定了三种形态的物业管理模式:①由业主大会(或经授权后的业主委员会)委托专业物业管理公司进行管理服务;②业主自治;③由业委会委托具有资质的专门人员(如国家注册物管师)进行管理。

这三种形态的模式中,目前社会上采用最普遍、最广泛的是聘请专业化物业公司进行管理服务。这种模式的可靠性在于物管公司毕竟是企业行为,不管是不是责任有限公司,它都必须具备一定的赔付能力,一旦因为物管公司的责任造成业主的损失,作为法人它具有承担经济、法律责任的能力和义务。

业主自治方式当然亦不失为一种可行的选择。但问题的症结在于,一旦发生经济、法律责任,谁来承担就比较难以落实。作为业主,每一个人都会考虑一个比较现实的问题:那就是我几十万元乃至上百万元的资产,交给业主大家自治,一旦出了问题我找谁去?谁会主动承担?即使承担又有没有这种能力?甚至即使法律、经济责任明确了,怎么执行又是一个问题。

至于第三种模式,我想有一个人们认识、发展的过程。在欧美等国家目前较为普遍采用。这种方式的优点就是直接把管理责任落实到人头上。业主只对注册物管师发出标的,中标后由注册物管师组织专业物管公司或专业保洁、保安、保修公司进场。物管师事实上起到一个承担经济法律责任与组织协调的作用。当然,这同整个社会制度、人群素质、个人或企业诚信度有直接关系。目前,国内一些地区正在试行这种办法,《物权法》对这种管理模式也作了肯定。

在学习《物权法》关于物业管理模式这一部分时,笔者也体会到,模式终归是为内容服务的。不论采取哪种模式,关键在服务品质上不得马虎。当然,这必然涉及市场经济中的质价相符规律,即具有一定价值的商品(包括劳动服务商品),必须反映社会必要劳动时间所决定的价格。不论哪种模式,要想低价买优质,显然是一种奢望。

(五)

《物权法》第七章专门规定了"相邻关系"的9条权责。这还是第一次在我国现行法律法规中较为详尽地列出了相邻权责的法律条文,这也充分体现了建设和谐社会的主导意识在法律这一上层建筑中的反映。

《物权法》中就此首先明确了"团结互助、公平合理的原则",以正确处理相邻关系。第七十条专门规定:业主不得违反法律、法规及管理规约,将住宅改变房屋使用功能(如住改非等)。业主"除遵守法律、法规及管理规约外",还"应当经有利害关系的业主同意"。

另外,需强调指出的是,《物权法》第七章关于"相邻关系"中的第九十条严格规定"不动产权利人不得违反国家规定弃置固体废物,排放大气污染物、水污染物、噪声、电磁波辐射等有害物质。"这里面我们常常遇到的是业主装修随意堆放垃圾,忽略它可能给相邻业主带来伤害。比如,某大城市一小区内一业主违规在楼下道路上堆放了装修垃圾,其他业主一看,也往这里堆放,最后一业主看见这里一堆垃圾,就扔了一只破碎的玻璃金鱼缸在上面。结果,三个小孩在这堆垃圾上玩,最大的小孩才9岁。其中一个最小的孩子不幸摔跤跌倒,颈动脉被破鱼缸划断死亡,引发了多起业主巨额赔偿案例。

这个不幸的案例告诉我们,《物权法》既是保护全体业主切身利益的,

也是对每个业主的行为，尤其涉及小区（大厦）内共同的行为有所制约的。

同样，《物权法》第七十一条更加明确地限定："业主行使权利不得危及建筑物的安全，不得损害其他业主的合法权益"，同时还规定，业主不仅享有权利，还要承担义务，而且"不得以放弃权利不履行义务"。这样，就把业主相互间的权责关系明晰了。

业主手册范例

致 敬 信

尊敬的业主：

您好！

能为您提供物业管理服务，是我们××物业全体员工的荣幸，在此，我们谨向您致以崇高的敬意！

小康社会的标志是人们的生活、工作和学习环境得到根本改善。为此，××置业（集团）有限公司倾情奉献，巨资打造状元府第、文笔山庄、嘉茵苑、逸景苑、天赐苑、朝阳小学、北碚温泉度假酒店、嘉陵风情步行街、新城国际、西湖山水以及缙云广场等项目，从而建设一个现代化的北碚新城。

现代高档物业必须要有专业化、规范化、人性化的优质物业服务才能相得益彰。为此，××物业管理有限公司立足高起点，制定了"心系业主、真诚服务，打造品牌、追求卓越"的企业宗旨。我公司是政府批准的国家一级资质企业，更是北碚地区注册的唯一一家中国物业管理协会理事单位。公司当前聚集了一批业内知名的管理人员。导入的 ISO 9001：2000 国际标准的贯彻实施，更提升了我们建立现代企业制度的水准。我们会珍惜这个机会，诚挚地用心去为大家服务，当好全体业主的公共服务员，帮您打理好您的物业财产和美丽家园。

当然，建设一个美好的家园离开了它的主人，即离开业主的参与和支持是绝对不行的。我们热切希望各位业主不仅是物权所有人，更是××大家庭的主人，大家都来为建设一个美好的家园而努力！"千年修来同船渡"，愿我们彼此间能真诚相待，在您所拥有的物业小区的缘分天空下，通过我们的劳动，为您美满的生活增添丝丝惬意，那将是我们最大的快乐！

祝您幸福吉祥！

××××物业公司总经理

×××

××物业简介

重庆××物业管理有限公司是具有独立法人资格和国家一级企业资质的专业物管公司，注册资金 500 万元。公司现为北碚地区唯一的中国物业管理协会理事单位、三峡大学物管学院定点总教学实习单位。

××物业公司是北碚地区实施大开发、大建设战略于 2003 年 9 月应运而生的。公司已经介入或即将受托的前期物业管理面积总计约 249.4 万平方米。为了实实在在地为业主服务，××物业制定了"心系业主、真诚服务，打造品牌、追求卓越"的质量方针，并实施了 ISO 9001：2000 标准。

为了确保服务品质，实现新起点、高标准的经营目标，公司还在人力资源管理方面严格控制，管理层员工均由具有大学专科以上学历，且在大型物管企业具有 6 年以上实践经验者组成。公司领导班子由物管师 2 人、高级经济管理师 1 人、获国家物业管理资格证书的职业经理 10 人及 3 名工程师组成，所有专业人员均经严格培训后持证上岗。

为确保业主入住后的生活品质，××物业除各种规范措施外，其主要特色是有能力积极投入工程部分的前期介入，从业主的角度和立场出发，真正代表业主利益从各种使用功能上提出见解并认真采纳，这也从另一方面折射出开发企业从终端产品为业主着想的经营思路。

2006 年 6 月，国家质量检验协会向××物业颁发了"全国用户质量满意企业"和"全国行业质量诚信示范企业"奖牌。2010 年、2011 年公司连续两年在北碚区房管局组织的行业评比中获得一等奖；公司先后成立了××物业党总支、武装部，从而为服务工作提供了有力的支持和保障，××物业为之服务的状元府第也被评选为北碚区首批"物业管理示范小区"。近两年来，业主已给我公司写来 100 多封表扬信，送来 80 余面锦旗，使我公司的员工队伍得到极大鼓舞。

由于××物业服务起点高、管理方法新，又凝聚了一批业内的精英人才，吸纳了目前国内最先进的管理服务理念。我们一定不会辜负广大业主的期望，共同努力把西湖山水建设成为国家级示范小区。

"实践是检验真理的唯一标准"，业主是检验××物业服务品质最具权威的评判者。××物业愿在工作中接受所有业主的评审。

请您关注：

入住手续办理流程

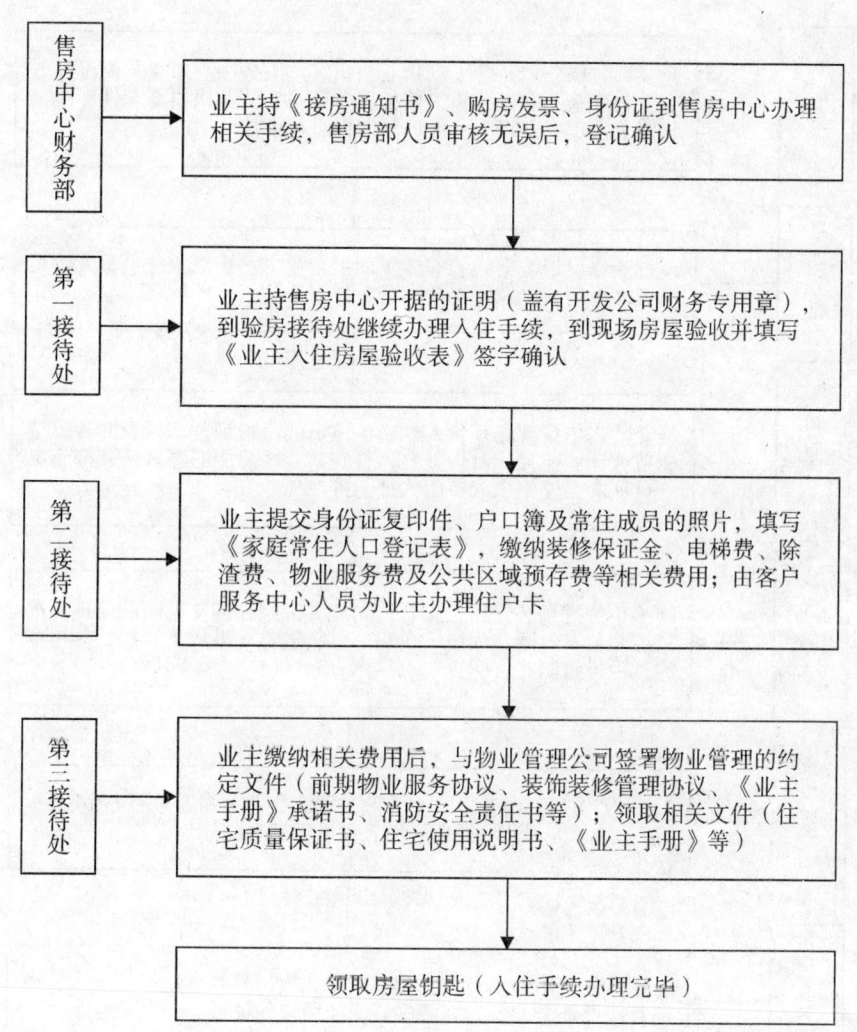

请您关注：

装修管理流程

部门	流程内容
客户服务中心	业主和装修公司负责人到物业公司客户服务中心递交装修设计方案、装修施工图纸、施工单位资质证明、营业执照复印件、施工装修单位现场负责人身份证复印件进行审核
工程部	审查装修设计方案、装修施工图纸，业主、装修单位负责人填写《装修申请表》及《安全消防责任书》
客户服务中心	提交装修单位现场负责人、施工人员的身份证复印件及照片，持交费凭证、照片或身份证复印件在物业客户中心办理《装修施工许可证》、《施工人员出入证》等
安全事务部 工程部	施工单位进场装修后，配合公司相关部门在施工期间的监理，严格控制装修时间、人员、车辆、材料进出（堆放）管理，对违章的行为进行制止、纠正
客户服务中心	装修完毕后，由业主告知物业公司，物业公司客户服务中心登记，持《出入证》退还《出入证》保证金
客户服务中心	业主入住使用三个月后，相邻业主无投诉且签字认可，业主持缴纳装修保证金发票到客服中心退还装修保证金

请您关注：

物业管理服务内容和标准

服务项目	服务内容	标　　准
（一）清洁卫生	1. 生活垃圾的分类管理与清运	日产日清
	2. 共用梯道、平台、休闲区及设施清洁、保洁	保洁率99%
	3. 服务小区道路、景观大道、公共路灯、建筑小品等清洁、保洁	清洁保洁率99%
	4. 公共环境的定期消毒杀毒	2～4次/年，电梯轿厢每周一次
	5. 其他	
（二）园林绿化	1. 园林绿化的日常维护，包括除杂草、整形、修枝、剪叶、松土、浇水、施肥、除病虫等	生长良好，死枯率小于2%，无病虫灾害发生
	2. 景观水体、小品等	维护良好，水体中无杂物
（三）公共秩序维护	1. 负责公共小区内的公共秩序维护，固定岗站岗值班	24小时值守
	2. 在业主授权情况下，对外来人员进行登记管理	封闭式管理
	3. 巡逻岗不定时巡查	
	4. 红外线、闭路电视、监控中心监控	24小时值守
	5. 组织消防演习	2次/年
（四）共用部位及设施的维护	1. 房屋共用部位的日常管护：外墙、承重结构、梯道走廊架空休闲区等的日常管理、维护	经常性、完好率大于98%
	2. 共用设施的日常管护：给排水、下水道、化粪池、消火栓、休闲设施等日常管理、维护及小修	定期检查、定期维护、保养、完好率大于98%
	3. 公共照明系统的日常维护、维修	完好率大于98%
（五）共用设备的日常维护	备用电源、电梯、消防安全泵、红外线监控系统、背景音乐系统、车库门禁系统等日常管理、维护、保养及小修	完好率大于98% 年检合格率100%

(续上表)

服务项目	服务内容	标　　准
(六) 交通管理	1. 小区行车按标识线路行驶	有序行驶
	2. 停车管理,人车分流	无乱停、乱放
(七) 报刊、邮件的代收	1. 代订代送报纸、杂志	差错率小于1‰
	2. 代业主收邮件	
(八) 社区文化	1. 宣传栏	不定期更换
	2. 社区文化、娱乐活动的组织	
	3. 节日布置	五一、国庆、元旦、春节

注：此服务标准超过国家优秀（示范）物业管理小区服务标准。

一、公共性物业管理服务收费

（一）公共性物业管理服务收费的构成

1. 管理、服务人员的工资和福利；
2. 房屋共用部位、共用设备、设施日常维护（小修）及保养费（不含二次供水）；
3. 园林绿化养护、维护费；
4. 公共小区清洁保洁费用（不含外墙清洗费）；
5. 公共小区秩序维护费；
6. 办公费；
7. 固定资产折旧费；
8. 法定税费；
9. 利润（本社区前期利润为负数）。

（二）公共性服务收费及标准

（1）高层洋房为1.80元/（平方米·月）（不含电梯费），别墅3.00元/（平方米·月），非住宅商业3.00元/（平方米·月）。住宅区内的写字间、商用房（包括住宅经批准改用的）按同类住宅的200%计收。车位物管费80元/（车·月）。

二、公用水电费的分摊

（一）公用水电费的范围

公用水电费是指路灯、庭院灯、景观灯、水体等消耗的水费与电费的总称。

（二）为什么交了物管费还要分摊公用水电费

因为重庆市物业管理收费办法明确规定公用水电费据实分摊，不包含在物业管理费用中。

（三）怎么分摊

1. 计算方法：物业公司对公用水电单独装表计量，测出不同运行模式所耗水电费多少，并公示，然后再分摊费用，（定期）公示全年总体耗费情况，多退少补。
2. 分摊办法：道路、绿地、水体公用水电费由全体业主共同按户据实分摊。

3. 交付方法:各业主(使用人)在缴纳物业管理费时一并缴纳或预缴。

三、装修期收费项目及标准

(一)垃圾转运费(属特约服务范围)

1. 服务方式:为了保护业主的物业整体完好与小区内整洁,由装修户将装修垃圾自行装袋后放于室内,需要除渣时,业主应提前一天与客服中心联系,由物业管理公司的专门人员定时将业主装修产生的垃圾搬运到物业公司指定的临时堆放地点,并由物业公司负责转运至环卫部门指定垃圾场。

2. 标准:按建筑面积 6.00 元/米^2 的标准收取。

此费用只含 10 平方米以内的拆墙,若超过 10 平方米的墙体拆除,超出部分则按每平方米 15 元的标准收取。

(二)装修管理服务费(特约服务费)

按上级相关政策法律法规执行。

(三)电梯费

1. 含义:在装修期间,为方便业主与访客及装修人员进出,乙方不再另行收取电梯客、次票费。

2. 单个住宅部分收取标准(一次性包干价):建筑面积在 150 平方米以下的平层、错层为 300 元/户,建筑面积在 150 平方米以上的跃层为 450 元/户;采用一次性包干收取,业主正常入住后按政府文件规定执行。

3. 写字间(包含住改非)部分:由于写字间客流量较大,为保证商家或单位的快捷进出,乙方对甲方实行优惠,免收电梯次票,采取 50 元/(100 平方米·月)的方式收取,并采取分季或全年预收办法。但在装修期间,装修人员使用电梯及采用电梯运货,应一次性缴纳包干电梯费,收费标准为 150 元/(100 平方米·月)。

(四)灭火器租金

1. 含义:指业主装修期间,为提高防火能力向物业公司租用灭火器的费用。

2. 标准:50 元/次(2 千克装),如使用瓶内灭火剂,另收 100 元/只的补剂费。

注:自备灭火器不付费。

（五）保证金

1. 装修保证金。

（1）含义：为确保装修期间不损坏本物业公共部位和共用设备设施及毗连物业，防止违规装修，维护业主自身及公众利益，根据国家有关规定而采取的经济保证措施。

（2）标准：单个住宅150平方米以内2000元/户，150平方米以上3000元/户；写字间或门面按3000元/户收取。

（3）无违约、无赔偿且装修完并入住使用三个月后经检查确认无违规装修现象，物业公司如数退还保证金（不计息）。

2. 灭火器押金。

（1）含义：指业主租用灭火器按购价缴纳的保证金。

（2）标准：100元/个。

（3）未使用且无损坏归还时全额退款。

3. 出入证。

（1）含义：指物业公司为加强安全防范，避免闲杂人员进入小区，针对在装修期间装修工人进出本物业的许可制度。

（2）标准：出入证工本费10元，保证金20元，一人一证，无证者不得入内，装修完毕后凭证退还保证金（不计息）。

四、特约服务

（一）含义

特约服务指公共性服务以外由物业公司针对不同业主的特别需求而提供的专项服务。由业主自愿选择，双方协商一致，必要时单独签订协议，如家政服务、家电维修服务、停车管理服务等。

（二）标准

物业公司公示具体服务项目及收费参考标准，其收费标准不高于市场价。

无偿服务相关项目

序号	服务项目			备注
01	清洗排风扇	不含材料、含人工	元/只	20.00
02	更换给水高压软管	不含材料、含人工	元/根	10.00
03	更换普通水龙头	不含材料、含人工	元/个	10.00
04	更换双温水阀	不含材料、含人工	元/个	20.00
05	更换灯泡、日光灯、节能灯、灯罩	不含材料、含人工	元/个	10元,每增加一个加收2元
06	更换开关、插座、电话等面板	不含材料、含人工	元/只	10元,每增加一个加收2元
07	更换信箱锁	不含材料、含人工	元/只	25.00
08	更换门锁	不含材料、含人工	元/只	30.00
09	更换配电断路器	不含材料、含人工	元/只	15.00
10	更换入户门铃	不含材料、含人工	元/户	10.00
11	更换马桶浮球	不含材料、含人工	元/只	20.00
12	更换家具配件	不含材料、含人工,根据具体情况收费	元/只	15~60元,每增加一只加收2元
13	检修室内电路	不含材料、含人工及辅材	元/次+元/(人·小时)	50元+人工工时费
14	挂画、挂镜框	不含材料、含人工及辅材	元/幅	20.00
15	清洗热水器、抽油烟机	含人工	元/台	40.00
16	中英文打字	含排版、打印(100字以下按百字计算)	元/100字	10.00
17	接PPR给水管	不含材料、含人工	元/次+元/(人·小时)	20元+人工费

（续上表）

序号	服务项目		备注	
18	安装排风扇	不含材料、含人工	元/只	25.00
19	安装拉帘、毛巾架、晾衣绳	不含材料、含人工（根据具体情况收费）	元/次	30.00~50.00
20	疏通排水管道（支管）	疏通机为二人，炮通为一人	元/次+元/(人·小时)	疏通机：50元+人工工时费 炮通：30元+人工工时费
21	更换（移动）对讲话机及报警器	明装不负责剔打线槽及埋管，不含设备、含调试，有线距离2米内含辅材	元/部	120.00
22	新装室内报警及探测器	明装不负责剔打线槽及埋管，不含设备、含调试，有线距离5米内含辅材	元/部	200.00
23	压数据、电话水晶头	含材料、人工	元/只	10.00

请您关注:

业主临时管理规约

第一章 总 则

第一条 为维护本物业全体业主的合法权益,保障物业的安全与合理使用,维护公共秩序,创造良好的环境,根据国务院《物业管理条例》和《重庆市物业管理条例》以及相关法律法规的规定制订本临时规约。

第二条 建设单位在物业销售前将本临时规约向物业买受人明示,并予以说明。

物业买受人与建设单位签订物业买卖合同时,对本临时规约予以书面承诺,表示认可本临时规约的内容。

建设单位与物业管理企业签订的前期物业服务合同中涉及业主利益的规定,应当以本临时规约为准。

第三条 本规约对全体业主及物业使用人均有约束力。物业使用人违反本规约的规定,相关业主应当承担连带责任。

物业的所有权发生变更时,原业主对本临时规约书面承诺的效力赋予新的物业继受人。

第四条 本临时规约的解释适用中华人民共和国的法律、法规和有关政策以及本物业所在地的法规政策。本规约与相关法律、法规和有关政策相抵触部分无效,但不影响本规约其他部分的效力。

第二章 物业管理小区概况

第五条 本临时规约所涉及物业管理小区的基本情况如下:

物业名称:_____海宇·西湖山水_____

坐落位置:___重庆市北碚区城南新区云华路56号___

总建筑面积:_____13.4万平方米_____

物业类型:_____商住楼_____

第六条 按照有关法律法规的规定和物业买卖合同的约定，业主享有以下物业共用部位、共用设施设备的所有权：

1. 由单栋建筑物的全体业主共同享有的共用部位，包括该栋建筑的承重结构（包括基础、承重墙体、柱、梁、楼板等）、公共门厅、走廊通道、楼梯间、户外墙面、屋顶等。

2. 由单栋建筑物的全体业主共同享有的共用设施设备，包括该栋建筑物内的给排水管道、落水管、水箱、水泵、电梯、冷暖气设备、照明设施、消防设施、避雷装置、讯视网络等。

3. 由物业管理小区内全体业主共同享有的共用部位和共用设施设备，包括道路、围墙、绿地、沟渠、池井、照明设施、共用设施设备使用的房屋、景观、监控设施等。

第七条 建设单位的基本情况如下：

名　　称：　重庆××置业（集团）有限公司

法定代表人：　　　×××

邮　　编：　　　400700

联系电话：　　×××××××××

第八条 本物业管理小区内的物业管理用房由建设单位按照规定配置，由该物业管理企业在物业管理合同期限内无偿使用。

第三章　物业的使用

第九条 业主对物业的专有部分享有占有、使用、收益和处分的权利，但不得妨碍建筑物的正常使用，不得损害其他业主的合法权益。

第十条 业主应按照有利于物业外貌保持、使用安全方便等原则，妥善处理供电、供水、排污、通行、通风、采光、装饰、装修、环卫、环保等方面的相邻关系。

第十一条 业主应按照规定的房屋用途使用房屋。需要改变房屋用途的，业主应当在征得相邻业主同意后，报有关行政主管部门批准，并告知物业管理企业。

第十二条 业主需要装饰装修房屋的，应当事先告知物业管理企业，并与其签订《装饰装修管理协议》。业主应缴纳装修保证金，装修验收完毕且

入住 3 个月后房屋无违约之处退还装修保证金。业主应按照《装饰装修管理协议》，遵守装修注意事项，不得从事装饰装修中的禁止行为。

第十三条　因装饰装修房屋影响共用部位，共用设备设施的安全使用和维修养护以及侵害相邻业主的合法权益的，业主应及时恢复原状并承担相应的赔偿责任。

第十四条　业主应在指定的地点放置装饰装修材料及垃圾，不得擅自占用共用部位和公共场所。业主应严格遵守装修施工时间：

上午：____8：00____时至____12：00____时

下午：____14：00____时至____18：00____时

午休期间及夜间不得有噪声装修作业，以免噪音扰民。

第十五条　业主安装空调，应当按照房屋设计预留的位置安装，没有预留位置的，应当按物业管理企业事先指定的位置安装，并按要求做好空调噪音及冷凝水的处理措施。

第十六条　业主及物业使用人使用电梯应遵守本物业小区的有关规定，为确保安全，儿童应在大人陪同下乘坐电梯；运送货物应使用载货电梯，拆除、损坏电梯设备的应承担赔偿责任。

第十七条　本物业小区的停车库仅用于停泊机动车，车位的业主或使用人应遵守小区停车库的有关规定。

第十八条　业主和物业使用人饲养动物，应当遵守我市相关的政策法规，不得妨碍公共卫生、公共安宁及公共安全。

第十九条　在物业使用中，禁止下列行为：

1. 未经相关业主许可并依法办理有关手续，擅自改变房屋结构和外貌。
2. 擅自占用或损坏公共楼梯、扶栏、走道、地下室、平台、外墙、屋面等共用部位，擅自移动或损坏共用设施设备。
3. 擅自在天井、庭院、平台、屋顶、绿地、道路等共用部位、共用场地搭建建筑物、构筑物，业主/住户不得占用地上或地下空间违法修建建筑物、构筑物，以及擅自加层增层，如自行强建后果自负。
4. 侵占或损坏道路、绿地、花卉树木、艺术景观及文体休闲设施。
5. 高空抛物，在非指定的位置倾倒或抛弃垃圾杂物。
6. 堆放易燃、易爆、剧毒、放射性物品，排放有毒有害物或超标噪音。
7. 未经许可或未办理相关手续，在物业管理小区内私设摊点。

8. 在外墙上私开门窗或乱安装、乱张贴、乱涂画。
9. 利用物业从事危害社会公共利益和公序良俗的活动。
10. 随意在公共小区敞放宠物或宠物随地大小便。
11. 法律、法规、规章禁止的其他行为。

第四章 物业的维护

第二十条 建设单位应按国家规定的保修期限和保修范围承担物业的保修责任。在保修期内，存在的质量问题建设单位应及时修复，建设单位拒绝修复或者在合理期限内拖延修复的，业主可以自行或者委托他人修复。修复费用及修复期间造成的其他损失由建设单位承担。建设单位可以委托物业管理企业处理保修事宜，双方通过协议明确权利义务关系。

第二十一条 保修期满后，业主自行承担物业专有部分维修养护的责任，但其维修养护行为不得妨碍其他业主的财产安全及生活安宁。业主因维修养护物业专有部分的需要，必须进入或使用相关业主的物业专有部分时，相关业主应给予必要配合。

第二十二条 因维修物业或者公共利益，业主确需临时占用，挖掘道路、场地的，应当征得相关业主和物业管理企业的同意，并在约定期限内恢复原状。

第二十三条 本小区物业存在安全隐患，危及公共利益及他人合法权益时，责任人应当及时维修养护；责任人不履行维修养护义务的，相关业主可以提请物业管理企业进行维修养护，费用由责任人承担。

第二十四条 物业管理企业对物业的共用部位、共用设备设施进行维修养护时，有关业主应当给予配合。业主阻挠维修养护的进行，造成物业损坏及财产损失的，应当负责修复并承担赔偿责任。

第二十五条 物业管理企业为维修养护需要必须进入物业的专有部分时，应事先通知相关业主，相关业主应当配合和支持。

紧急情况下，无法通知相关业主的，为全体业主共同利益的需要，物业管理企业可在本地派出所或居民委员会的监督下，进入物业的专有部分进行维修，并应事后及时通知相关业主。

第二十六条 单幢建筑物的共用部位、共用设施设备的维修养护责任由该幢建筑物内的全体业主承担,维修养护费用按照业主拥有的物业建筑面积占该幢建筑物建筑面积的比例分摊;物业管理小区内由全体业主共同享有的共用部位、共用设施设备的维修养护责任,由全体业主承担,维修养护费用按照业主拥有的物业建筑面积占该幢建筑面积的比例分摊。《前期物业服务合同》约定的物业共用部位、共用设施设备的日常运行、维修养护,其费用从物业管理费用或物业服务资金中支付,物业共用部位、共用设施设备的其他更新改造费用从专项维修资金中列支。

第二十七条 本物业管理小区业主缴纳专项维修资金的标准为2%～3%,缴纳方式为接房前自行到区房管局专项维修资金管理中心缴纳,专项维修资金的收取、使用、管理按国家规定执行。因建设单位或业主大会未批准使用专项维修资金影响物业的大中修和更新改造的,免除物业管理企业的责任。

第二十八条 物业所有权因买卖、交换、继承、赠予等原因发生更改时,专项维修资金不予退还,原业主名下的专项维修资金归物业继受人所有。

第五章 物业的管理

第二十九条 在业主大会成立之前,业主同意由建设单位在物业管理中代行业主大会的以下职责:

1. 制定《业主临时管理规约》。
2. 选聘物业管理企业,签订《前期物业服务合同》。
3. 决定专项维修资金使用、续筹方案并监督实施。
4. 制订物业共用部位和共用设施设备的使用、公共秩序和环境卫生的维护等方面的规章制度。

第三十条 本小区全体业主一致同意建设单位委托物业管理企业进行以下物业管理服务工作:房屋及其配套设施设备的维修、养护、管理,环境卫生管理,绿化管理,公共秩序维护,车辆停放管理,档案资料管理,公共物业经营,等等。

第三十一条 为保证有效管理,全体业主同意在管理服务工作中授予物业管理企业以下权利:

1. 根据本规约制定必要的规章制度,并以有效形式督促业主和使用人遵守。

2. 采取批评、规劝、警告等措施制止业主和物业使用人违反本规约及公众管理制度的行为。

3. 物业管理小区内公布违约业主的姓名及其违约情节。

4. 对欠费业主停止特约服务直至其履行交费义务。

第三十二条 全体业主同意，在以下条件下造成的损失，可免除物业管理企业的责任：

1. 因物业本身固有瑕疵造成的损害。

2. 因维修、养护共用部位共用设施设备需要而暂时停水停电或停止共用设施设备的使用。

3. 因不可抗力导致的中断服务。

4. 因非物业管理企业责任造成损失的供电、供水、供气、通讯及其他共用设施设备的障碍和损失。

第三十三条 本物业管理小区的前期物业服务收费根据物价局核准标准执行：

花园洋房按建筑面积每月__1.80__元/（米^2·月）（不含电梯及公摊水电费用）收取。

别墅按建筑面积__3.00__元/（米^2·月）收取（不含公摊水电费用）。

非住宅按建筑面积__3.00__元/（米^2·月）收取（不含公摊水电费用）。

车位物业服务费按每月__80__元/车位收取。

业主向物业管理企业缴纳物业服务费后，物业管理企业按前期服务合同约定的服务内容和标准提供服务。

物业服务费用由物业管理企业按预算方案，主要用于以下开支：

1. 管理服务人员的工资、社会保险和按规定提取的福利费等；

2. 物业共用部位、共用设施设备的日常运行、维护费用；

3. 物业管理公共小区清洁、保洁费用；

4. 物业管理公共小区绿化养护费用；

5. 物业管理公共小区秩序维护费用；

6. 办公费用；

7. 物业管理企业固定资产折旧；

8. 法定税费；

9. 不可预见费用;

10. 合理利润。

预收的物业服务费用应当全部用于本临时规约约定的支出。

第三十四条 对物业服务资金收支情况有争议的,建设单位或物业管理企业可以委托双方共同认可的专业审计机构对物业服务资金年度预决算和物业服务资金年度收支情况进行审计,审计费用由争议方承担。

第三十五条 共用的专项设备运行的能源消耗,应独立计量核算,据实向业主分摊计收。

第三十六条 业主同意自物业交付使用之日起承担其所拥有物业的服务费用或服务资金。物业的服务费用或服务资金按年、季、月缴纳,各业主应在每年、季、月前十日内履行交费义务。

第六章 业主的共同利益

第三十七条 建筑物的外墙面、楼顶平台、公共走道等,未经相关业主和物业管理企业同意并依法办理相关手续,业主或物业使用人不得擅自占用,变更构造和颜色或设置广告物;物业管理小区内的道路、绿地、围墙等设施,业主和物业使用人应按设置目的与通常的使用方法使用,不得以任何形式占用公共地方作为私人用途。

第三十八条 利用物业共用部位、共用设施进行经营的,应当在征得相关业主、物业管理企业的同意后,按照有关规定办理有关手续,经营所得收益用于补充专项维修资金。

第三十九条 关于停车场地的约定:

1. 本物业管理小区内公共停车场地由全体业主共同使用;业主使用公共停车场地,按物价部门核定的收费标准缴纳相关费用。

2. 车位产权人(含业主自行购置车位的)应向物业管理企业缴纳车位管理费。

第四十条 因破旧、地震、火灾、水灾、风灾或其他重大变故致使建筑物存在危害公共安全的危险时,经业主大会决议,可以拆除或重建。

第四十一条 建筑物及其附属设施的拆除、重建、费用分摊、收益分配等重大事项,应当经物业管理小区内全体业主所持投票权 2/3 以上通过。

第四十二条　个别业主违反本规约，侵害全体业主的共同利益的，在业主大会成立之前，可由建设单位或授权物业管理企业向相关业主主张权利。

第七章　违约责任

　　第四十三条　业主、使用人违反本临时规约及《前期物业管理服务协议》的约定，未能按时足额缴纳物业服务费，应按3‰/天的标准支付滞纳金，业主未按规定缴纳物业维修资金的，应按3‰/天的标准支付违约金。拖欠费用3个月以上的，物业管理企业可依据本临时规约的授权，向违约业主提起诉讼。

　　第四十四条　业主违反本规约关于物业的使用、维护和管理的规定，妨碍物业正常使用或造成物业损坏或损失的，相关业主可以授权物业管理企业制止，也可依据本临时规约自行向重庆市仲裁委员会申请仲裁或向人民法院提起诉讼，请求排除妨碍、恢复原状、赔偿损失、消除影响。

　　第四十五条　业主违反本规约关于业主的共同利益的规定，怠于履行应尽义务的，导致公共利益受损的，应承担相应的违约责任，全体业主可授权物业管理企业予以处理，必要时可向重庆市仲裁委员会申请仲裁或向法院提起诉讼。

　　第四十六条　建设单位未能履行本临时规约第二十条规定的，业主可向房地产行政主管部门投诉，还可向重庆市仲裁委员会申请仲裁或向法院提起诉讼，请求赔偿经济损失。

第八章　附　　则

　　第四十八条　本临时规约中物业的专有部分是指在建筑物中能够单独使用并具有排他性的独立空间或小区，包括该空间或小区内为实现房屋使用功能而设置的相关管线设施，物业的共用部位、公共设施设备是指物业管理小区内的专有部分以外的，属于单体建筑物所有业主或全体业主共同所有或共同使用的场所、空间、设施和设备。

　　第四十九条　建设单位应在物业管理小区内显著地方设置公告栏，用于张贴各项管理规章制度以及根据本规约应告知全体业主的通知及布告。除根

据法律法规规定需要当面送达或以其他方式送达相关通知外，在公告栏上张贴通知手续48小时（时间）后，即视为已向每位业主及物业使用人送达相关通知。

第五十条 业主转让或出租物业时，应提前__7天__（时间）书面通知物业管理企业，并要求物业买受人签署本临时规约承诺书或在租赁合同中规定承租人应遵守本临时规约。

第五十一条 本规约由建设单位负责解释。本物业管理小区的业主大会依法成立后，可根据业主大会议事规则制定业主规约，临时规约作废。

第五十二条 本规约正本一式三份，建设单位、物业管理企业和物业所在地房地产行政主管部门各执一份。本规约副本若干份，每个签署承诺书的业主各执一份。

第五十三条 本规约自物业所在地房地产行政主管部门核准备案之日起生效。

重庆××置业（集团）有限公司

二〇一二年五月

请您关注如下规约：

水、电、气管理规约

根据政府关于安全用电、用水、用气管理的有关规定，结合本小区的具体情况，针对小区内供电、供水、供气管理，特制定本规约如下：

1. 凡属客服中心管辖范围内的供电、供水系统（即供电局、自来水公司向本管理小区供电、供水总表之后的部分），一律由物业管理公司管理；一户一表后维修费用由业主自行承担；由供电局、自来水公司直接抄表到户的，由供电局、自来水公司管理；管道燃气系统由燃气公司负责管理。

2. 小区水、电、气管线均经科学设计、精心安装，未经许可，不得随意更改。若需更改现有给水、供电管线，包括给水、供电管线的延伸、拆迁、调整、增高、改造等，均应向客服中心提出书面申请并附详细的施工方案及图示，经批准后方能实施。

3. 业主/住户出门前应当将电器、燃气和水阀开关关闭，避免发生事故。

4. 业主/住户如需增加电容量，必须先向客服中心提出书面申请，由客服中心报供电部门审核并确认符合增容要求的，经批准后方可增容，同时应按供电公司的规定缴纳增容费。

5. 每单元均有最大的设计使用功率，请住户累计电器功率不要超过最大限度，否则，不可同时使用所有电器。

6. 以下行为属用水、用电、用气的违规行为：

（1）未按规定办理增容手续，私自增加电气设备容量，且造成小区电气线路故障；

（2）私自装表、接电、接水、接通燃气或绕表接电、接水、接通燃气；

（3）私自开启电表、水表、燃气表的封印和改动电力运行回路，影响准确计量；

（4）私自启用电表、水表、燃气表；

（5）擅自改动上下水、燃气通道、电气线路（包括通信、有线电视系统）；

（6）私自开（关）水、电、气公共阀门的。

7. 业主/住户有义务为公共管、线的维修提供方便，保证维修工作正常进行。

8. 业主/住户违反安全用水、电、气规定，拒绝客服中心机电维修人员检查，不采纳安全用电、水、气意见及措施而造成事故，影响供电、供水、供气系统或对其他业主/住户造成损失的，除按实际情况赔偿损失外，还将按有关规定接受处理。

机动车停放管理服务规约

为了维护车辆停放的正常秩序，保证小区道路整洁、安全、畅通，充分利用和管理好本小区机动车停车库，有效地为住户服务，维护车主的利益，结合对车辆管理的具体要求，特制定本规约。

1. 本小区停车库为室内地下车库，对小区（住户）提供长期租用服务，车辆入内按时收费。

2. 本停车库采取租用固定车位与临时停车两种方式，工作人员24小时值班，请各住户先在客服中心办理好车位租用或使用相关手续，领取IC卡后，方可使用停车场。

3. 本着对车主负责的原则，车辆停放停车库时，车主需协同工作人员检查车辆外观是否有擦伤、碰伤痕迹及车辆牌照、标志是否齐全，并如实做好登记，未配合物业服务人员进行查验登记者，责任自负。

4. 车辆进出停车库时，请车主允许工作人员认卡对车，若IC卡与车辆牌号不符，为了保护车主利益，只有暂时禁止车辆出入，所以请车主（司机）认真保管好IC卡，并随身携带。如IC卡一旦丢失或损坏，车主应及时书面报请客服中心进行处理，以避免产生不良后果。

5. 车辆内请不要遗留贵重物品、重要文件等，离车时锁好门窗，以避免其他后果发生。

6. 本停车库禁止大客车、载重量超过2.5吨的货车和高度超过2.2米的车辆进入。车辆进入停车场时时速不能超过5公里/时。

7. 严禁酒后驾驶车辆进入车库；进出本停车库的所有车辆不允许有任何原因的冲栏行为。对于冲栏行为，工作人员将按破坏和盗车嫌疑坚决予以扣车，并进行调查、索赔、处理或送公安机关处理。

8. 进入管理小区的车辆请勿鸣笛，接受安防人员指挥、调度，按规定车位停放，不得越位，更不得停放在通道位置，对不按规定停放车辆且不听劝阻者，将按有关规定处理。

9. 停放车辆时应爱护公共设施、设备，因驾驶员驾车导致车库内设施损坏及碰撞其他车辆所造成的损失，车主应负全部责任。

10. 装载易燃、易爆、剧毒或有污染物品的车辆不得进入本小区内停放。

11. 不得在车位上存放杂物，且应保持车辆清洁、无油污。

12. 请勿在车库内吸烟；车辆不得在停车场内维修、加油、清洗，违者扣除违约金 100～200 元。

13. 车主不得刁难、辱骂、威胁安防人员，不得妨碍其正常管理工作。

14. 根据《物业管理条例》有关规定，本停车场只提供车位使用，不承担车辆保管和保险责任，如车主有特殊保管或保险需求，可另行写上拟定收费标准，签署协议。凡驶入本停车场停放的车辆必须参加车辆保险。

15. 购买私家车位的车辆管理，参照上述管理规约。

16. 停车场车位使用收费标准，按照物价部门核定的收费标准执行。

17. 请各位车主随时对我们的管理服务提出合理改进意见。

招牌、广告管理规约

根据建设部《城市房产毗邻房屋管理规定》和重庆市有关规定，为切实维护大部分住户的利益，特制定本规约。

1. 管理小区内所有住户均无权私自在过道、绿化地、外墙壁、屋面、天台和其他场地设立广告牌、招牌以及悬挂条幅等。

2. 为了维护楼宇安全与美观，任何住户均不可在窗外和玻璃上悬挂、张贴任何招牌及广告、贴纸等。

3. 临时占用楼梯走道、墙面、公共场地做招牌、广告、条幅的住户需提前 7 天向物业管理公司提出书面申请，在 3 天内，物业管理公司将在征求业委会或业主大会意见后给予书面答复，在不影响消防、安全及小区美观等前提下酌情是否批准，若经同意，住户要缴纳公共场地占用费［30 元/（月·平方米）］。

4. 凡违反上述规定者，按照违章装修处理办法进行处理，除责令拆除、撤销、修补破损、恢复原状外，严重者将视情况由管理处扣除违约金。

5. 所有业主均有权对该规约执行情况予以监督。

环卫、绿化管理规约

为保持本小区干净、整洁，使住户享有优雅舒适、有益健康的生活环境，特制定本规约。

1. 进入本小区的人员均有保护和美化环境的权利和义务，不得损害公共环境和绿化。

2. 住宅公共小区内的绿化和清扫保洁，由客服中心统一组织实施。

3. 小区实行垃圾袋装化丢弃管理，各位住户丢弃垃圾时请系好垃圾袋口，并于规定时间内将垃圾袋放到各楼层设置的垃圾桶（袋）内。

4. 请勿乱倒垃圾、污水、杂物，不准随地吐痰和大小便；请勿从窗户等乱抛杂物。

5. 公共场所请勿乱涂画、乱张贴、乱搭挂（如广告、标语、传单等），请勿在公共小区内拉绳晾晒衣物；请勿占用公共楼梯间、通道、平台等堆放杂物；请勿在底层或顶层搭建建筑或构筑物。

6. 饲养宠物的住户应先向政府机关申领许可证并妥善管理好自己的宠物，并请避免宠物大声号叫、伤及或惊扰他人，请勿让宠物在公共场所大小便。

7. 请勿攀折花木、践踏、占用绿化地，损坏、涂改建筑小品，爱护大家共同的环境和财产。

8. 请勿随意移动垃圾桶的摆放位置；住户浇花、晾晒拖把时应注意不要将水滴到楼下。

9. 住户在装修过程中应将装修垃圾及废物堆放在指定位置，请勿弃于走廊及公共部位，并请勿与生活垃圾混装，保持环境清洁。

10. 保持管理小区安静，请勿在公众休息时间（12：00～14：00，20：00～次日8：00）制造噪音影响他人休息，小区内请勿鸣号、燃放烟花爆竹。

11. 本管理小区配有专人专车负责日常生活垃圾的收集、中转、清倒（如有更改，管理处会另行通知住户）。

12. 全体业主均有权监督、检查本规约的履行情况,并有义务制止不良行为的发生。

小区出入及公共秩序管理规约

为保障本小区公共秩序,根据《中华人民共和国治安管理处罚条例》及物业管理法规的有关规定,特制定本规约。

1. 住户应认真填报《家庭常住人口登记表》,办理小区住户证或IC卡。
2. 住户和来访人员不得携带易燃、易爆、剧毒或有污染的物品进入本小区。外来人员请主动出示有效证件。
3. 为保证住户利益,凡租赁户携带较大件手提箱、包装箱等物品出小区,应提前报《物品清单》到客服中心办理《货物出门证》;由物业服务人员验证方可出门,从而有效地保护业主的利益。
4. 小区内严禁进行一切违反《治安管理条例》和触犯法律的活动。
5. 物业服务员有权对违反小区管理规定的行为进行检查、纠正;物业服务员有违纪、违章或无礼、刁难住户的现象,发现者可通过各种方式及时向管理处负责人投诉。

说明:以上《小区出入及公共秩序维护管理规约》,目的是加强防范,而绝不是"管"各位业主。它需要全体住户共同履行、配合才能有效执行,若住户对以上规约有意见,可口头或书面告知我们,以便根据大家意见修改、完善。

公共秩序维护办法

本小区24小时均有物业服务员进行值班,敬请业主和住户积极配合物业服务员工作,以保障小区的安全,并请注意以下几点:

1. 若发现任何可疑人物或听到可疑的声音,请立即通知物业管理服务中心或值班的物业服务人员。
2. 对进入小区的访客要求作会客登记,在执勤中工作人员有责任查询所有进入本小区的陌生人的身份,请各位住户理解,在查询中所引起的不便之处,本公司先致歉意。

3. 物管公司员工皆佩戴工作证，无证上门者可拒绝其入内。如遇身份不详的访客，切勿随便开启大门，可随时联系安防人员前来协助。

4. 如长时间离开住所，请关好门窗并关闭水、电、气总阀，反锁防盗门，如因使用不当造成水、电、气泄漏所带来的经济损失，由业主或住户自行承担。

5. 业主或住户举家外出时，请仔细检查门窗（关门时应启用天、地锁）、水电是否关好，应通知物业客服中心并留下最佳联系方式，以便在应急情况下及时联系。

6. 业主携带大件物品及搬运货物出小区，必须在门卫处签字认可。

7. 如业主将房屋出租，应将租赁人员清单及租赁时间报物业公司进行登记。

8. 凡有房屋出租行为的业主或使用人，须遵守小区《业主临时管理规约》、物业管理相关规定。

9. 避免在家中存放特别贵重物品和大量现金。

10. 为保证家庭财产及人身安全，敬请业主或住户向保险公司投保，以免除或减少意外事故损失。

11. 与临近业主或住户互相认识，保持联系，以便大家能够互相照应。

12. 如遇紧急情况，请您使用对讲电话或紧急按钮及时通知物管公司，或拨打报警电话110，火警电话119，救护电话120。

13. 小区内严禁进行一切违反治安管理条例和触犯法律的活动。

14. 全体业主或住户均有权利和义务监督以上条款实施。

电梯使用管理规约

为保证本小区电梯的正常运行和安全使用，延长电梯的使用寿命，更好地方便广大住户，特制定本规约。

1. 使用电梯时应文明操作，请勿用钥匙等硬物按动或拍打显示按钮及随意按动警铃按钮。

2. 使用电梯搬运货物，严禁开启轿顶安全窗装运超长物件，请勿超过其额定载重量、长度、安全使用电梯。

3. 请勿超载运行，当超载信号铃声响时，站在门口的乘客应自觉退出，请勿采取任何形式的强制关门手段。

4. 礼貌乘梯，老人、儿童，行动不便者须由家人监护、陪同乘梯；请勿在轿厢内嬉戏、打闹、小便。

5. 为了您和大家的健康，请不要在电梯内吸烟、吐痰、弃物和损坏箱体和宣传提示。

6. 当电梯在运行中突然发生停运等故障时，乘客不必紧张，可按警铃或电话报警，耐心等待维修人员的到来，请勿采取拍打按钮、箱体以及强行撬门等急躁行为。

7. 乘客看到停运标志时请勿采取任何令其开启和移动标志牌的行为，以免发生人身、设备意外事故。

8. 请勿用水冲洗楼梯，以防电梯渗水，危及乘客安全或造成设备损毁。

9. 火灾、地震时严禁乘坐电梯。

业主行为道德规约

为把本小区建成一个安全、文明、清洁、舒适、优美、高尚的新时代住宅小区，特制定本行为道德规约，希望在本小区工作、生活的业主或住户及出入人员共同遵守、维护与监督。

一、自觉遵守中华人民共和国法律、法规及《市民行为道德规范》，做遵纪守法的公民。

二、各业主或住户之间应和睦相处，互相关心，互相尊重，互相礼让，做到不打骂、不吵闹，发生纠纷时，自觉服从物业管理公司的调解，共同维护小区公共秩序。

三、爱护并正确、文明地使用消防、照明、给排水、电梯、供电、供水、通信、监控等各类共享设施，使小区的公共财产得到保值、增值和延长使用寿命。

四、讲究公共卫生，不乱丢垃圾、果皮、纸屑、烟头等杂物，不随地吐痰和大小便。

五、共享场地要尊重大家，切忌私自占用、堆放、吊挂杂物，请勿乱搭、

乱建、乱张贴、乱涂画，如确因生活、工作需要临时占用公共场地，需事先向物业管理公司书面申请，经同意并核交"公共场地临时占用费"后方可使用。

六、加强阳台、露台的杂物或花盆管理，严禁高空抛物、坠物、倒水。

七、休息时间请勿使用高音喇叭，制造超标准噪音，以免影响其他业主或住户休息。

八、小区公共场地、通道请勿燃烧各类物品，如香火、纸张、织物、纤维、塑料制品、木制品等。

九、爱护小区绿化及雕塑小品，不践踏草坪，不摘花、攀树及占用绿化地。

十、不将垃圾、剩饭、茶渣倒入厕所、水池等渠道内，确保各种管道畅通。

十一、养成出门检查及关闭水管、燃气、电器开关的良好习惯，避免发生意外事故。

十二、不在小区内从事赌博、色情活动，不吸食、贩卖毒品，不将违禁品带进小区，不参加非法团体、组织和非法集会，不在小区内乱张乱贴，散发传单等。

十三、饲养宠物应符合《重庆市饲养宠物管理条例》的规定。

十四、遵守重庆市市民规约。

消防管理规定

为了加强消防安全工作，保护公共财产和广大业主/住户生命财产安全，根据《中华人民共和国消防法》和重庆市有关消防管理规定，特制定本规定。

一、消防安全措施

物业内部配置有消防设备，如烟感、喷淋、消火栓等，业主/住户应熟悉各项设备的位置及使用方法，除救火外，不得侵占或使用消火栓及各种设备作其他用途。

二、消防安全管理规定

1. 实行业主/住户、单位防火责任制，业主/住户、单位为本自用部位责任人，负责做好专有部位所属范围内的防火安全工作。

2. 切勿使电线负荷过载或在同一插座接上多种电器，以免由于负荷过载而导致火灾。严禁乱拉乱接，私自搭线。

3. 遵守法规相关规定，切勿在管理小区内储藏易燃易爆物品，离家外出时将全部电器关闭。

4. 保持走廊、楼梯及防火通道畅通。任何业主/住户、单位不得占用填充墙，严禁在消防通道停车或堆放物品。

5. 如遇有易燃物品气味时，切勿触动任何电器（包括电话、门铃、电动玩具等）开关，应敞开门窗让空气流通，并尽快通知管理处。

6. 所有物品应放置于距消防自动喷淋头下最少半米的地方。切勿悬挂任何物品在消防自动喷淋头下。

7. 保持消防自动喷淋控制阀的检测入口畅通。

8. 严禁燃放烟花爆竹，公共场地不得燃烧香火纸张、织物、纤维、木制品及其他废弃物品，教育小孩不要玩火。

9. 不得损坏消防设施和器材，防烟门应保持关闭状态，但切勿上锁。

10. 需要进行烧焊等动火作业的，应事先向客服中心提出书面申请，经批准做好防护措施后，在专人监护下方可作业。

11. 如遇火警，切莫惊慌失措，应立即报告物业管理公司工作人员，并拨打火警电话"119"，在个人安全不受威胁的前提下，关闭电源、燃气总阀，尽力采取补救措施，或迅速离开住所，逃生时切勿乘坐电梯。

12. 因业主/住户引起火灾事故造成的损失，责任人必须承担相应的经济、法律责任。

对讲系统使用管理规定

一、办有 IC 智能卡的业主或住户应妥善保管智能卡，不要随意将卡借给他人使用或将智能卡密码告诉他人，以防不测。

二、如在使用中不慎将 IC 卡丢失，主动到客服中心报失、销卡。客服中心将重新输入住户资料，为您办理新卡（费用由住户自行承担）。

三、请注意保存 IC 智能卡，在保管过程中需防潮、防高温，不宜折叠、刮擦、熏烤。

四、可视对讲系统，若业主或住户要求更改位置，应提前到客服中心提出申请，批准后由专业技术人员施工更改，其费用由住户自行承担。

五、装修期间，不得损坏对讲系统的预埋线路和预留接线，若有不清楚之处，请向客服中心咨询。

六、室内装修，强电布线时，应与弱电线路保持 50 厘米以上的距离。

七、室内有突发事件发生时，业主/住户可按紧急报警按钮，至少持续按动 5 秒时间，监控中心接到报警后将立即采取应急措施。

八、对讲设备应严格参照其使用说明书所述的使用方法操作使用。

突发事件应急指南

一、盗案发生

1. 当发现盗窃案件时，当事业主/住户要保持镇静，首先在保护自身和他人人身安全的前提下，将作案人捉获扭送公安机关，也可寻找机会通过通信设备和其他手段向公安机关报警，再设法制服罪犯。

2. 在案发现场，当事业主/住户在作案人逃离现场后，要注意保护现场，不要擅自移动任何东西，不要让外人进入现场，特别要注意保护案犯留下的指纹、脚印、工具及其他物品。

3. 当事业主/住户及邻近的业主/住户要注意观察，看清作案人人数、衣着、相貌、身体特征以及交通工具的牌号、特征等，并及时报告客服中心或拨打 110 报警。

4. 在物业服务人员或公安人员赶到事发现场时，当事业主/住户应当提供相关情况，协助公安机关破获案件。

5. 案发现场如有人员受伤，其他人员应首先设法送其到医院救治或在现场抢救。

二、火警应急指南

1. 一旦发生火灾，当事业主/住户应尽力扑救，同时想办法通知客服中心和拨打"119"火警电话。在确定火势扩大时，尽可能关闭所有门窗，以及电和煤气开关，立即从消防楼梯逃生。

2. 一旦火势蔓延，业主/住户应本着"先人员、后财产"的原则，先安排人员逃生，最后离开的人员还要检查一下是否还有人在火场，逃生人员千万不要进入电梯和等待电梯逃生，而要立即走消防楼梯离开。

3. 在逃生疏散过程中，业主/住户尽可能带一条湿手巾以防烟熏。同时，在消防楼梯中应听从疏散人员的指挥有序地逃离。为避免拥挤、践踏，应让老人、妇女和儿童先走。

三、电梯困人自救应急指南

乘客在遇到紧急情况时，应当采取以下求救和自我保护措施：

1. 通过警铃、对讲系统、移动电话或电梯轿厢内的提示方式进行求援，如电梯轿厢内有病人或其他危急情况，应当告知救援人员。

2. 与轿厢门或已开启的轿厢门保持一定距离，听从管理人员指挥。

3. 求援人员到达现场前不得撬砸电梯轿厢门或攀爬安全窗，不得将身体的任何部位伸出电梯轿厢外。

4. 保持镇静，可做屈膝动作，以减轻对电梯急停的不适应。

四、天然气中毒抢救应急指南

1. 发现天然气中毒后，先把门窗打开。

2. 迅速把病人移到空气新鲜的地方平放，解开衣服扣子，但要防止受凉。

3. 轻度中毒，可给病人喝一些浓茶，休息数小时即可恢复。重度中毒应立即送医院，如发现病人呼吸已停止，必须进行人工呼吸和心脏按压直至送医院。

五、触电抢救应急指南

1. 关闭电闸，或用木棒、竹竿、塑料棒等不导电的用具将电线、电器挑开或将触电者拖离触电处，抢救触电者的关键是使触电者脱离电源。

2．切勿用身体接触触电者，以免自身触电。

3．病人离开电源后应保持安静休息。

4．若发现呼吸、心跳微弱或停止，应立即就地进行人工呼吸和心脏按压，包括转送医院的过程中，直至呼吸、心跳恢复正常为止。

装饰装修管理规定

为了加强本物业装修管理工作，规范业主/用户和装修施工单位的装修行为，共同维护本物业的房屋完好、物业结构安全和正常使用，以及环境整洁、优美，保障全体业主/住户的共同利益，结合本小区实际情况，就房屋装修事项特制定本规定。本物业的业主/住户均应严格遵守。

一、装修范围

业主应严格按照申报审批的装修范围进行室内装修。

二、装修申请及审批

业主/用户进行室内装修、维修和改造，要向小区客服中心提出申请（使用人必须持业主委托书），并领取《装修申请审批表》一式两份。

1．业主/用户进行室内装修、维修和改造，应于施工前3天到客服中心办理装修申请（代理人必须持业主委托书），领取并如实填写《装修申请审批表》各款内容；提交装修方案、平面设计图。

2．物管公司收到业主/用户的装修方案后予以及时答复，并发放"装修许可证"，对不合规范或资料不齐的，业主/用户必须按要求进行修改，重新提交方案审批。物管公司的验审均为预防性措施，如发生违例事件或由于装修而引致任何后遗症的，业主负有完全责任。

3．与客服中心签署《装修安全责任书》，办理施工人员出入证；出入证工本费10元，保证金20元，一人一证，装修完毕后保证金如数退还。客服中心的工作人员根据相关法律、法规和《物业管理条例》及《业主临时管理规约》查验施工人员的出入证和身份证，如发现伪造、冒用、证件过期、无证作业，禁止违规者进场作业。

三、装修费用

1. 装修保证金。

为保证装修期间不损坏本物业共用设备设施、毗邻物业，业主/用户需缴纳一定数额的保证金。保证金按住宅 150 平方米以内 2000 元/户，150 平方米以上 3000 元/户，门面按 3000 元/户标准收取。装修工程完工后经物业管理公司验收确认无任何扣罚之处，并由楼下业主签字确认无漏水现象，客服中心于 3 个月后如数退还保证金（不计息）。如装修工程产生违约行为和业主有欠交物管费、水费、电费、气费现象的，扣除违约金和欠款后的余额退还业主/用户；如果装修保证金不足以支付所有费用，物业管理公司有权追收不足金额。

2. 装修除渣费（按建筑面积）：6 元/平方米，上门除渣。

3. 装修期间电梯费：

装修期间包干价，建筑面积在 150 元平方米以下的平层、错层为 300 元/户（按市物价局 778 号文件规定应该收取）采用一次性包干收取；建筑面积在 150 平方米以上的跃层为 450 元/户，业主正常入住后按政府文件规定执行。

四、施工

1. 装修施工必须严格遵守发展商提供的《住宅使用说明书》的使用要求。所有施工必须按照客服中心审批的方案进行，不得随意更改。如实际情况需要更改，必须报客服中心审批，出具更改通知书后方可施工。

2. 施工期间，业主应进行现场监理并保证装修施工人员严格按照政府有关规定文明施工作业。

3. 施工时间：每天装修施工时间为上午 8：00～12：00，下午 14：00～18：00（午休期间及夜间禁止有噪音装修作业）。

4. 物料搬运时间：每天搬运时间为上午 9：00～12：00，下午 14：00～17：00。

五、装修管理规定

业主/用户在装修过程中应遵守以下规定：

1. 水、电、气三表及用户终端箱，对讲系统、给排水系统不能擅自改动，若擅自改动，由此产生的后果自负。

2. 所有装修不能影响建筑外观，不得占用公共走廊，需保持楼道畅通。未经批准不得对室内任何墙、梁、上下楼板、阳台、露台等做结构、外表颜色的改动。每天收工时，必须保证楼道清洁，建筑垃圾必须堆放在业主户内。

3. 楼顶住户不准搭建构筑物，如自行搭建后果自负。

4. 不得破坏剪力墙、公共墙及外墙。跃层住户不得在厅内加层。

5. 进入户内的电话、闭路、数据线接线盒、燃气表，不得移动、封闭，且必须留出检查口。

6. 在施工前及施工期间，必须张贴由物管公司发出的"装修许可证"，以方便物管公司管理人员检查。

7. 装修期间不得动用明火，如确需动用，应事先报请，经物管同意后方可实施。

8. 装修时不得破坏厨、厕的防水层。进场装修前，应事先对厨房、厕所进行三天关水试验，确认不漏水后，方可进行装修。

9. 装修工人不得到装修房屋内留宿，个别人员留宿，必须事先到物管公司办理留宿登记手续，并由业主进行担保。

10. 热水器的气体不能排入油烟道，应单独排气。如需打孔，打孔前应先报物管同意后方可实施。

11. 请勿包装室内外给排水主管道，如因包装产生的维修费用由业主自行负责。

12. 为了保持小区高档品质和大楼整体外观，不得安装外置式防盗网、户外晾衣架和各种晴雨棚、花架等物件于外墙上及屋顶上。

13. 设计消防安全规定的，应先向消防安全部门办理报批手续，取得消防安全部门装修审批文件批文。

14. 卫生间严禁安装燃气热水器。

15. 不得改变房间或阳台的使用功能，不得将无防水要求的房间或阳台改为卫生间、厨房。

16. 业主/用户在搬运物料时须听从物管工作人员的指挥，遵守物管公司指定的电梯使用规定，严禁装运超重、超宽、超长物品；严禁在搬运途中损坏楼内公共设施、设备，污染楼梯、台阶、扶手、栏杆等。

17. 装修施工用电不得超过装修住宅单位的装表容量，严禁乱接、乱拉电源线；超容量用电需与物业管理处协商后，在物业管理处监督下，由物业管理人员在指定位置接临时电源线，否则造成一切后果由业主负责。

18. 空调机应按物业管理公司统一规划的位置安装，不得破坏楼宇结构，凿坏墙体。

本规定若有遗漏，可参照《住宅室内装饰装修管理办法》执行。

六、验收

1. 装修工程完毕后，业主/住户和施工队负责人共同向客服中心申请竣工验收，客服中心将派人进行查验。

2. 隐蔽工程必须在隐蔽前进行验收。如未验收，客服中心可安排拆除隐蔽部位遮挡，再进行验收，由此造成的损失由住户自己负责。

3. 竣工验收合格后，由客服中心验收人员在《装修申请审批表》的验收栏内签名。验收不合格时，限期整改，再行复验，直至合格。经三次验收不合格者，物业管理公司可另行指定施工单位进行施工，所发生的费用由业主/住户承担。

4. 客服中心应随时检查装修工作情况，发现有违章情况要及时制止。客服中心有权停止违规施工人员的装修作业，由此产生的误工，由违规人员自负。

请您关注:

报 修 流 程

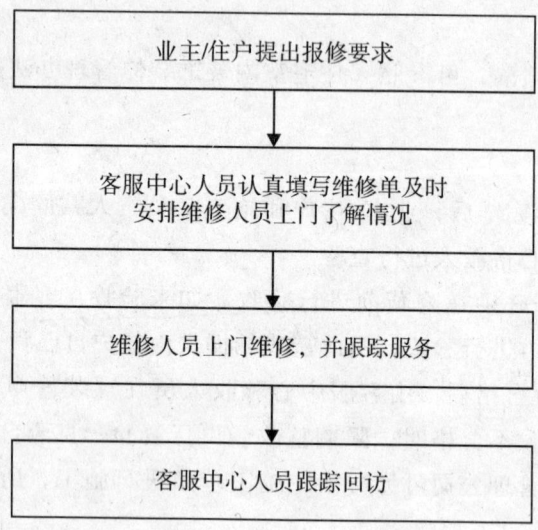

请您关注：

住户投诉程序

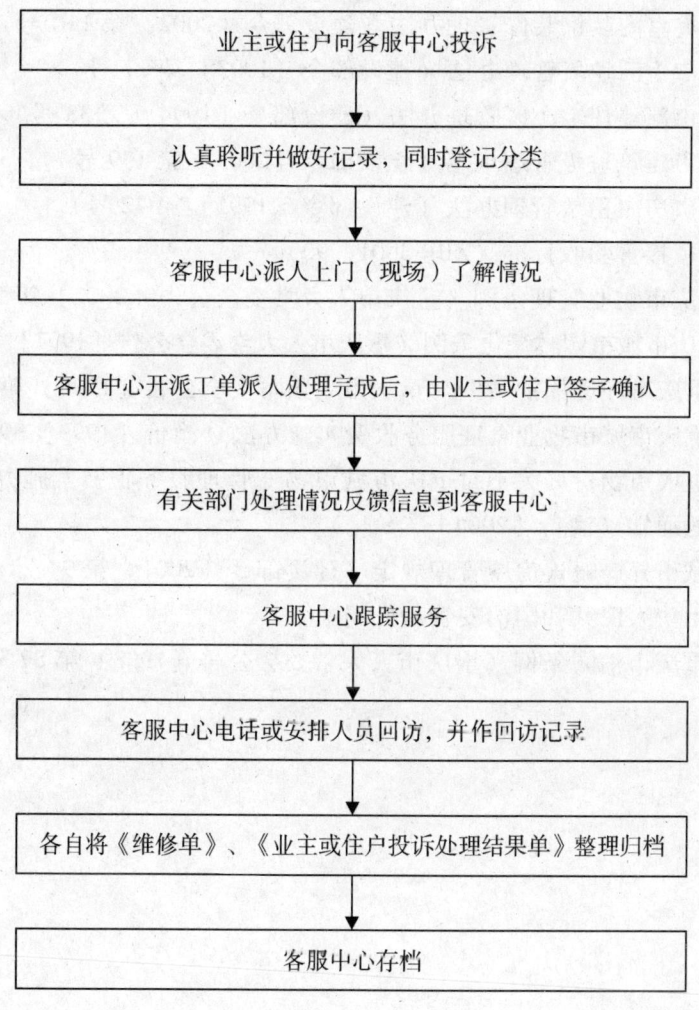

业主或住户向客服中心投诉

↓

认真聆听并做好记录，同时登记分类

↓

客服中心派人上门（现场）了解情况

↓

客服中心开派工单派人处理完成后，由业主或住户签字确认

↓

有关部门处理情况反馈信息到客服中心

↓

客服中心跟踪服务

↓

客服中心电话或安排人员回访，并作回访记录

↓

各自将《维修单》、《业主或住户投诉处理结果单》整理归档

↓

客服中心存档

本手册相关法律、法规依据索引

1. 物业管理条例（国务院令〔2003〕第379号）。
2. 住宅室内装饰装修管理办法（建设部令〔2002〕第110号）。
3. 城市生活垃圾管理办法（建设部令〔1993〕第27号）。
4. 城市新建住宅小区管理办法（建设部令〔1994〕第33号）。
5. 城市建筑垃圾管理规定（建设部令〔2005〕第139号）。
6. 城市房屋租赁管理办法（建设部令〔1995〕第42号）。
7. 房屋接管验收标准（ZBP 3001—90）。
8. 重庆市物业管理条例（重庆市人大常委会公告〔2002〕第201号）。
9. 重庆市城市园林绿化条例（重庆市人大常委会公告〔1997〕第17号）。
10. 重庆市环境保护条例（重庆市人大常委会公告〔1998〕第68号）。
11. 重庆市城市物业管理服务收费实施办法（渝价〔1999〕398号）。
12. 重庆市物价局关于对重庆市城市物业管理服务收费实施办法执行中有关问题的通知（渝价〔2004〕778号）。
13. 城市异产毗连房屋管理规定（建设部令〔2001〕第94号）。
14. 中华人民共和国治安管理处罚法。
15. 重庆市消防条例（重庆市人大常委会公告〔1998〕第87号）。

重庆市紧急、常用电话

单 位	电 话	单 位	电 话
匪警	110	北碚汽车站	68862380
火警	119	长途汽车	63873196
交通事故	122	重庆晚报	966988
急救中心	120	重庆晨报	966966
消费维权	12315	重庆电视台	68636244
电话故障	112	重庆有线报道	68629315
查号	114	殡葬	68269444
天气预报	121	疫情	68812969
北泉派出所	68316153	急救药品	63841026
燃气公司	68283280	急病预防中心	68863569
自来水公司	68869527	重庆市血液中心	63861187
供电公司	95598	重庆市第九人民医院	68865992（总机）
火车时刻	63862607	重庆西南医院	65318301
机票销售中心	63862970	第三军医大学新桥医院	68755114
港口客运	63841342	重庆医科大学儿童医院	63632756

全国主要城市邮政编码及电话区号

地 区	邮政编码	电话区号	地 区	邮政编码	电话区号	地 区	邮政编码	电话区号
北京市	100000	010	武汉市	430000	027	苏州市	215000	0512
上海市	200000	021	郑州市	450000	0371	连云港市	222000	0518
天津市	300000	022	广州市	510000	020	南通市	226000	0523
重庆市	400000	023	汕头市	515000	0754	合肥市	230000	0511
呼和浩特市	010000	0471	深圳市	524000	0755	济南市	250000	0531
太原市	030000	0351	珠海市	519000	0756	烟台市	264000	0535
石家庄市	050000	0311	海口市	512000	0898	青岛市	266000	0532
秦皇岛市	066000	0335	南宁市	530000	0771	杭州市	310000	0571
沈阳市	110000	024	北海市	536000	0779	宁波市	315000	0574
大连市	116000	0411	贵阳市	550000	0851	温州市	325000	0577
长春市	130000	0431	成都市	610000	028	南昌市	330000	0791
哈尔滨市	150000	0451	昆明市	650000	0871	福州市	350000	0591
南京市	210000	025	西安市	710000	029	西宁市	810000	0971
常州市	213000	0519	兰州市	730000	0931	乌鲁木齐	830000	0991
厦门市	361000	0592	银川市	750000	0951	拉萨市	850000	0891
长沙市	410000	0731	无锡市	214000	0510			

承 诺 书

××××物业管理有限公司：

　　本人已签收业主手册，为维护本物业管理小区内全体业主的共同利益，本人同意并声明如下：

　　一、本业主手册确认已详细阅读，同意履行、遵守并督促其他与该物业有关人士履行、遵守本业主手册中规定的业主和物业使用人的所有责任和义务；

　　二、本人同意承担违反本业主手册的相应法律责任，并同意对该物业的使用人违反本业主手册的行为承担连带责任；

　　三、本人同意在将该物业转让、馈赠变更的同时取得物业继受人签署的本业主手册承诺书并送交物业管理企业，物业管理企业收到物业继受人签署的承诺书前，本承诺继续有效。

承　诺　人：＿＿＿＿＿＿＿

小区（大厦）：＿＿＿＿＿＿＿

门　牌　号：＿＿＿＿＿＿＿

业　　　主：＿＿＿＿＿＿＿

＿＿＿年＿＿＿月＿＿＿日

后 记

——以实践为师

说到底怎样才能做到和业主进行有效沟通与交流，尽管本书做了不少故事性的叙述，而且都是来自于工作实践的体会，但对于从事物业服务的人来讲，依然是"书上得来终觉浅"。

从唯物主义的观点来看，自身实践始终是第一性的。所以说，这本书的作用，充其量也只能是给读者一点举一反三的启发。那么，我们怎样以时间为师呢？依笔者的肤浅体会，主要有如下几点：

第一是要敢于主动与业主进行交流。我在工作中发现，不少从业不久的物业管理人员，不太爱主动与业主说话，甚至生怕说错话，这怎么行呢？一定要大胆开口讲话，前提肯定是你必须对政策、法规、公众制度等业内基本知识非常熟悉，肚里没有货，当然不敢开口。

第二是不要怕失败。世界上绝没有一开始学就能打赢的牌，更没有从来不输的牌。问题在于找出失败的原因，积累宝贵的经验。

第三要善于借鉴学习。向自己的成功和失败学，向别人的成功与失败学，当然也包括向书本学，学以致用。

以上都是我自己的切身体会，绝不是妄为人师。因为我自己以前就是一个根本不善于与人交往的人，一个星期甚至都没有几句话的人。的确像列宁说的那样："特殊的环境，是可以改变人的性格的。"为此，我非常感谢物业服务这个行业给予我的磨炼，让我的人性得到了提升。

作者

2012 年 2 月 29 日于缙云山